Motorradtouren für Langschläfer

Manfred Probst

Allgäu

**20 Kurztrips
vor der Haustür**

D1719061

BRUCKMANN

INHALTSVERZEICHNIS

*Schluchtenflitzen
im wildromantischen
Ebniter Tal*

Drollige Wieder-
käuer, im Allgäu
allgegenwärtig

Das Frauentor in Wangen aus dem frühen 17. Jahrhundert

Liebe Bikerin, lieber Biker,

wussten Sie schon, dass die erste Motorrad-rennfahrerin, die WM-Punkte errang, eine All-gäuerin war? Katja Poensgen aus Mindelheim. Aus dem Allgäu stammt auch die erfolg-reichste Motorrad-Dame der Rallye Paris–Da-kar, Andrea Mayer, ebenso wie die »Enduro-Größen« Herbert Schek und Richard Schalber. Wie zum Motorradfahren geschaffen scheint dieser malerische Landstrich – einmal davon genascht, kann man nicht mehr davon lassen. Von dieser sanft gewellten, frischgrünen Bu-ckelwelt, von diesem grandiosen Alpenpano-rama, vom bezaubernden Flair der stolzen alten Reichsstädte, Burgen und Schlösser. Da-zwischen jede Menge Kurven in allen mögli-chen Variationen. Auf rund 2500 Kilometern quer durchs und rund ums Allgäu möchte ich Ihnen in diesem Buch einige Anregungen ge-ben, dieses fast schon außerirdische Biker-Pa-radies unter die Räder zu nehmen. Eine bunte Mischung von Touren führt uns über be-kannte Passklassiker genauso wie auf ver-träumte, einsame Nebensträßchen. Wir fahren durch idyllische Dörfer abseits der großen Touristenströme, bestaunen aber auch die weltbekannten Kulturdenkmäler und genie-ßen Kurven, Kühe, Käse und Küche. Lassen Sie sich anstecken von der herzlichen Gelassen-heit der Allgäuer, entfliehen Sie dem hekti-schen Alltag auf einer kurzen, entspannten Tour durch diese verträumte Landschaft. Auf den folgenden Seiten möchte ich Ihnen, auf-geteilt in 20 kleine, genussvolle Dosen unter-schiedlichster Wirkung, einige Vorschläge für Ihre Allgäu-Reise machen. Ob Ihnen der Sinn nun eher nach Schräglagenakrobatik oder Motorrad-Wanderung, Kultur oder Natur steht, für jede Stimmung sollte etwas Passen-des dabei sein. Doch Vorsicht! Im Motorrad-Paradies Allgäu kann es leicht passieren, dass der Langschläfer zum Frühaufsteher wird. Herzlichst,

Ihr Manfred Probst

Blick auf den Forggen-
see bei Illasberg

Einsame Feuchtgebiete am Rand des Allgäus

Entlang des Lechs führt uns die erste Tour durch eine abwechslungsreiche Flusslandschaft ins berühmte Allgäuer Touristenmekka, nach Füssen.

Denkmal zu Ehren der Flößer in Lechbruck

Wird das Allgäu gerne als das Ferienparadies bezeichnet, so könnte der Lech als mythischer Grenzfluss zwischen der göttlichen und der irdischen Welt fungieren. Aber anders als in der griechischen Mythologie den Grenzfluss Styx dürfen wir den Lech als Lebende und sogar ohne Obulus unter der Zunge, der Mautgebühr für den Fährmann Charon, überqueren. Das wollen wir auf dieser Fahrt denn auch reichlich nutzen, ganz nach

dem Motto: »Über sieben Brücken sollst du fahr`n«.

Beginnen wollen wir unsere Tour in Königsbrunn, zehn Kilometer südlich von Augsburg. Nixen und Neptune können sich hier in der großzügigen Bade- und Saunalandschaft der Königstherme ausleben und verwöhnen lassen. Dermaßen feuchtfröhlich eingestimmt, machen wir uns in Richtung Mering auf den Weg zu den Wassern des Lechs. Schon nach einigen Kilometern begegnen sie uns in aufgestauter Form, von der Straße zunächst nur als breiter, begrünter Wall erkennbar. Wir biegen nach seinem Ende nach rechts in ein schmales Sträßchen und erreichen so das Ufer des Mandichosees an der Lechstaustufe 23. Insgesamt gibt es 24 Stauseen zwischen Füssen und Rain, wo der Lech in die Donau mündet. Wir hangeln uns auf ebenen Nebenstrecken weiter Richtung Süden und entfernen uns dabei ein wenig vom Lauf des Flusses, bevor wir dem sehenswerten Städtchen Landsberg einen kurzen Besuch abstatten. Entspannt rollen wir durch das mittelalterliche Schmalztor ins Zentrum der Stadt. Am Lechwehr rauscht

TOUR-CHECK

Start: Königsbrunn
Ziel: Füssen
Tourencharakter: Gemütliches Bummeln auf abseitigen Wegen
Tourenlänge: 145 km
Kombinierbar mit Touren: 2, 4, 13, 14
Genussfaktor:
- *Fahrerisch:* ★ ★ ★
- *Sightseeing:* ★ ★ ★
- *Kulinarisch:* ★ ★ ★

Innenhof des Hohen Schlosses in Füssen mit verblüffend täuschender Illusionsmalerei

Vorsicht! Nicht in den Fluss plumpsen.

das Wasser auf einer Breite von über 100 Metern wild aufschäumend und beeindruckend über flache Kaskaden. Der Ursprung der Anlage soll bis ins 14. Jahrhundert zurückgehen.

Wir bleiben am westlichen Ufer des Flusses, passieren wieder das alte Schmalztor und steuern auf windungsreichen Nebenstrecken weiter Richtung Ummendorf. Vorbei an fetterdigen Äckern, saftigen Wiesen und herbstbunten Wäldchen führen einige Spitzkehren

hinab zum Fluss. Schon die alten Römer nutzten diese Stelle als Flussübergang für die legendäre Via Claudia Augusta und nannten den strategisch wichtigen Punkt Abodiacum. Heute wacht in Form einer Bronzestatue der Heilige Lorenz über die moderne, nach ihm benannte Spannbetonbrücke, auf der wir das Ufer wechseln. Statt durch das antike Abodiacum gondeln wir durch den aufgeräumten Weiler Epfach. Gleich nach dem Ortsschild

MEIN TOPTIPP – LANDSBERG AM LECH

Der mittelalterliche Stadtkern lockt mit seinen zahlreichen gemütlichen Cafés und Gaststätten zum Schauen und Verweilen. Schlendern Sie ein wenig durch die lebhafte Fußgängerzone, durch enge Gassen oder am grünen Ufer des rauschenden Lechs entlang. Entdecken Sie dabei romantische Plätze und Ecken sowie prächtige Baudenkmäler wie das gotische Bayertor, das historische Rathaus mit seiner herrlichen Stuckfassade oder die Johanniskirche, ein Schmuckstück des Rokoko.

Besuchen Sie den eigenwilligen Atelierturm des erfolgreichen Künstlers Prof. Sir Hubert Ritter von Herkomer (26.5.1849–31.3.1914) auf der anderen Lechseite, den er zu Ehren seiner Mutter »Mutterturm« nannte. Im danebenbefindlichen ehemali-

gen Wohnhaus seiner Eltern sind ausgewählte Werke des Künstlers ausgestellt. Neben seiner Tätigkeit als einer der gefragtesten Porträtmaler seiner Zeit betätigte er sich auch als Komponist und Filmemacher. Ferner gilt er als Veranstalter und Sponsor von Zuverlässigkeitsfahrten als einer der Wegbereiter des Automobilsports in Deutschland.

Ein anderes Kuriosum findet man im privaten Historischen Schuhmuseum. Neben Schuhmode aus acht Jahrhunderten und aller Welt gibt es hier die größte Schuhlöffelsammlung der Welt zu besichtigen. Die Liste der Sehenswürdigkeiten ließe sich noch lange fortsetzen, am besten Sie stoppen hier etwas länger und entdecken selbst den rührigen Charme der Stadt.

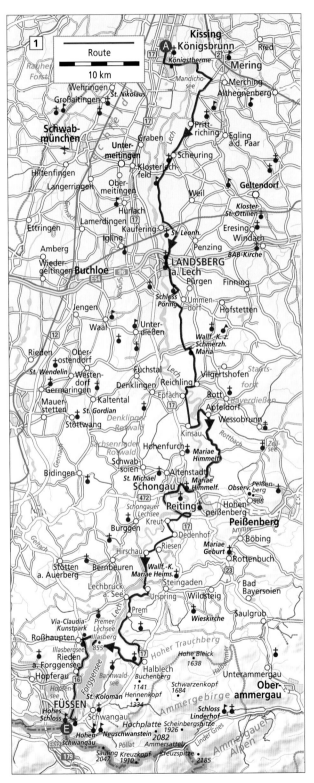

biegen wir nach links. Ein einspuriges Wegelchen führt uns nah an die hier steil abfallenden Uferhänge. Nach der Ortschaft Kinsau wechseln wir erneut die Flussseite. Entgegengesetzt und etwas abseits von seinem Lauf kurven wir auf leicht geschwungenen Straßen nach Schongau. Nach einer Schleife um den länglichen, schön herausgeputzten Marktplatz geht es für heute gleich wieder aus dem Städtele hinaus. Auf der breit ausgebauten B 17 überqueren wir in lichter Höhe den Lech, der hier zum Schongauer Lechsee gestaut wird.

Als gemütliche Alternative zur stark frequentierten Bundesstraße empfehle ich die kleinen Schleichwege über die abseitigen Bauernweiler Kreut, Oedenhof, Riesen und Hirschau nach Urspring. Dahin biegen wir zunächst von der Bundesstraße Richtung Peiting ab und dann gleich wieder links. Ganz unmerklich gelangen wir in dieser dünn besiedelten Landschaft vom Oberbayerischen ins Allgäu. Wo die Grenze genau verläuft, weiß wohl niemand so recht zu sagen. Nach alter Definition ist das Allgäu dort, wo die Allgäuer zu Hause sind. In Lechbruck wird die namensgebende Brücke von einem steinernen Ehrenmal der Flößer geschmückt, unter dem der Fluss in einem fast schon unheimlichen Smaragdgrün seines Weges fließt. Die intensive Färbung kommt von aufgelöstem Kalkgestein. Für uns geht es ohne die Brücke zu überqueren auf einem idyllischen Sträßchen über Prem zunächst entlang des Premer Lechsees weiter, bevor die Straße ein Stück weit den gemütlich vor sich hin plätschernden Nebenfluss Halblech begleitet. Im gleichnamigen Ort folgen wir ein paar Hundert Meter der verkehrsreichen B 17, um gleich wieder in angenehm ruhige Nebenstrecken Richtung Roßhaupten einzutauchen. Das Spiegelbild des Alpenpanoramas im Illasbergsee verstärkt die ohnehin schon prächtige Wirkung. Das klare Wasser ist über eine Seeenge mit dem Forggensee verbunden, mit 168 Millionen Kubikmetern Fassungsvermögen der größte aller Lechstauseen. Nachdem wir den 1954 fertiggestellten Staudamm überquert haben, erinnern uns auf der anderen Seite fantasievolle Figuren und Skulpturen des kleinen Via-Claudia-Kunstparks an die einst hier verlaufende

Der Weiler Erpfach, zu römischer Zeit ein bedeutender Flussübergang der Via Claudia Augusta

antike Straße. Heute ist die historische Wegstrecke von hier nach Füssen im Forggensee versunken, bei Niedrigwasser taucht ein Teil davon wieder auf. So wählen wir die B 16 und erreichen, mit zahlreichen schönen Blicken auf die malerische Landschaft, Füssen. Mehr Infos zu dieser Stadt finden Sie bei der nächsten Tour.

REISE-INFOS

Allgemeines

Von Bayerisch-Schwaben führt uns die Tour entlang des Lechs über die altbayerischen Städte Landsberg und Schongau ins südöstliche Allgäu. Am besten besucht man das beliebte Ferien- und Erholungsgebiet außerhalb der Hochsaison, sonst kann es vor allem in Füssen schon mal eng werden.
Tourist Information Füssen-Bad Faulenbach, Kaiser-Maximilian-Platz 1, 87629 Füssen, Tel. 08362/938 50, www.fuessen.de

Motorradfahren

Auf kleinen und kleinsten Nebenwegen steht gemütliches Motorradwandern im Vordergrund. Natürlich gibt es auch genügend Kurven, die den »schrägen« Fahrspaß nicht zu kurz kommen lassen.

Sehenswürdigkeiten & Aktivitäten

Königstherme, Königsallee 1, 86343 Königsbrunn, Tel. 08231/96 28 10, www.koenigstherme.de
Mercateum, zwischen Haupteingang zur Königstherme und Gymnasium, 86343 Königsbrunn, Tel. 08231/91 81 31, www.mercateum.de. Äußerst interessantes Museum über die Anfänge des Fernhandels und die frühen europäischen Handelswege im größten, begehbaren auf historischer Kartografie beruhenden Globus der Welt.
Historisches Schuhmuseum, Vorderer Anger 274, 86899 Landsberg, Tel. 08191/422 96, geöffnet nach telefonischer Vereinbarung (außer sonntags).
Mutterturm mit Herkomer-Museum, Von-Kühlmann-Str. 2, 86899 Landsberg, Tel. 08191/12 83 60

Essen & Trinken

Sonderbar, Georg-Hellmair-Platz, 86899 Landsberg, Tel. 08191/58 21, www.sonderbar.com. Beliebter Treffpunkt von Alt und Jung.
Schiffwirtschaft, Schwangauer Str. 1, 87629 Füssen, Tel. 08362/398 13, www.schiffwirtschaft.de. Mit schönem Blick über den Lech auf das Hohe Schloss werden in der traditionsreichen ehemaligen Flößerwirtschaft verschiedene Leckereien serviert.

Übernachtung

Hotel Goggl, Hubert-von-Herkomer-Str. 19–20, 86899 Landsberg, Tel. 08191/32 40, www.hotelgoggl.de
Hotel Sommer, Weidachstr. 74, 87629 Füssen, Tel. 08362/914 70, www.hotel-sommer.de. Traumhaft am Forggensee gelegenes Wellnesshotel.

Touristischer Hot-Spot:
die berühmte Wieskirche

Mythologische Spurensuche

Kulturdenkmäler von Weltruf liegen auf dieser Tour, vom idyllischen Pfaffenwinkel in die touristische Hauptstadt des Allgäus, Füssen. Romantische Straße, Deutsche Alpenstraße und Sisi-Straße – gleich drei Ferienstraßen in einer bekommen wir zwischen Steingaden und Füssen unter die Räder.

Schloss Hohen-
schwangau ließ
Maximilian II.
bis 1837 auf
Ruinen errichten.

Mag manch einen der lebhafte und kommerzielle Rummel um Schloss Neuschwanstein eher abschrecken, so darf die Ikone der deutschen Sehenswürdigkeiten trotzdem in keinem Allgäu-Führer fehlen. Als Alternative zu Tour 1 oder als abwechslungsreichen Rückweg möchte ich

Ihnen diese kurze Route mit einer Besichtigung der Königsschlösser empfehlen. Falls Sie diese schon kennen, bleibt umso mehr Zeit, durch die traumhaft schöne Landschaft zu gleiten oder sich in einem gemütlichen Biergarten im Schatten dichtblättriger Bäume abzukühlen.

Doch lassen Sie uns die Tour im altehrwürdigen Klosterort Wessobrunn beginnen, um dessen Gründung sich eine Legende rankt: Der bayerische Herzog Tassilo III., der letzte Herrscher des ersten bayerischen Fürstengeschlechts der Agilolfinger, soll im Jahre 753 bei einem Jagdausflug in den Rotter Wäldern eines Nachts von einer Quelle, die in vier Richtungen fließt, geträumt haben. Sein Gefährte Wezzo fand tags darauf eine Quelle in Kreuzform. Daraufhin beschloss Tassilo, an dieser Stelle ein Kloster zu begründen, genannt Wessobrunn. Soweit die Sage. Bekannt ist der mystische Ort vor allem durch ein hier entdecktes Schriftstück aus dem frühen 9. Jahr-

---

TOUR-CHECK

Start: Wessobrunn
Ziel: Füssen
Tourencharakter: Viel Sightseeing, dazwischen gemütliches Cruisen auf der Romantischen Straße.
Tourenlänge: 70 km
Kombinierbar mit Touren: 1, 13, 14
Genussfaktor:
▶ *Fahrerisch:* ★ ★ ★
▶ *Sightseeing:* ★ ★ ★ ★ ★
▶ *Kulinarisch:* ★ ★ ★ ★

Dorfplatz von Wessobrunn mit Gedenkstein für das berühmte Wessobrunner Gebet

hundert. Das so genannte »Wessobrunner Gebet« ist das älteste Sprachdenkmal mit christlichem Inhalt in Deutschland.

Von diesem urbayerischen Boden schlängeln wir uns über Zellsee hinauf zum Peißenberg. Die 988 Meter hohe Erhebung, gekrönt mit Kirche, Sendemast und einer traditionsreichen Wirtschaft, gilt als beliebter Bikertreff. Bei schönem Wetter kann man am Horizont hinter dem Starnberger See noch die Skyline von München erkennen. Der herrliche Blick in den Süden reicht über die bucklige Moränenlandschaft des Voralpengebiets bis ins Hochgebirge. Bis zu dessen Füßen führt unsere Strecke durch diese fast schon paradiesisch anmutende Landschaft. Wir klinken uns auf die Romantische Straße ein, die von Würzburg kommend bis Füssen verläuft. Obwohl sie als eine der populärsten touristischen Routen Deutschlands gilt, hält sich der Verkehr unter

MEIN TOPTIPP – NEUSCHWANSTEIN UND HOHENSCHWANGAU

Nicht nur für Königstreue ein absolutes Muss: Als weltbekanntes Markenzeichen der deutschen Tourismuswerbung begeistert das verschnörkelte Märchenschloss Neuschwanstein – den Namen bekam es erst nach dem rätselhaften Tod des Bauherrn – wohl jeden, der davor steht. Einen tiefen Einblick in die abgehobene, sagenumwobene Welt Ludwigs II. gewähren die prunkvoll ausgestatteten Räume nebst einer Grotte mit farbiger Beleuchtung und Wasserfall. Der König selbst hat seine Gralsburg allerdings nie ohne Baugerüst gesehen. Nur einen Steinwurf entfernt wuchs der Wittelsbacher im Schloss Hohenschwangau auf, lebte sich in die Mittelalterverehrung ein. Es gibt wohl niemanden, der dem Leben und Schaffen des Bayernkönigs emotionslos gegenübersteht. Die beiden Schlösser ver-

mitteln eine kleine Ahnung von seiner Genialität und Verrücktheit, die ja bekanntlich oft eng beieinander liegen.

Für eine Besichtigung sollte man für jedes Schloss, wenn es zu keinen längeren Wartezeiten kommt, gut zwei Stunden (darin enthalten eine halbstündige Führung) einkalkulieren. Vom Großparkplatz sind es gut 10 Minuten zu Fuß nach Hohenschwangau und eine knappe halbe Stunde bis Neuschwanstein. Hierhin können Sie sich auch kutschieren lassen. Empfehlenswert ist eine telefonische Ticketreservierung oder Online-Buchung.

Schlossverwaltung Neuschwanstein,
Neuschwansteinstr. 20, 87645 Schwangau, Tel. 08362/93 98 80, www.neuschwanstein.de, www.ticket-center-hohenschwangau.de

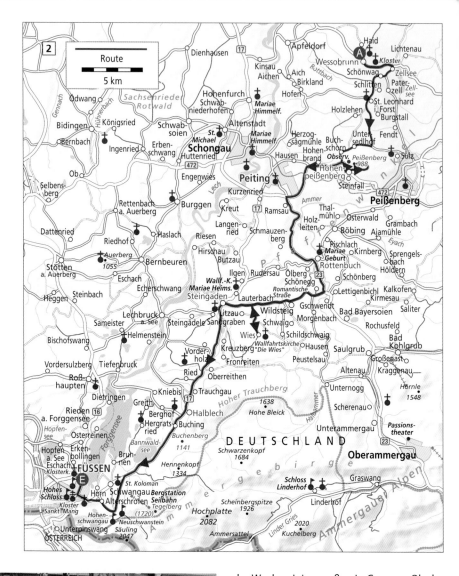

*Bei Touristen sehr
beliebt: bayerische
Souvenirs – hier
der Kiosk an der
Wies-Kirche*

der Woche einigermaßen in Grenzen. Ob der herrlichen Gegend und den lang gezogenen Kurven wird es auf der gut ausgebauten Bundesstraße nie langweilig. Doch Vorsicht: Fahre nie schneller als dein Schutzengel fliegen kann! Um uns dessen zu vergewissern, nehmen wir den Abzweig zur »Wies«. Für Einige ist die regelmäßige Wallfahrt zur wohl berühmtesten Kirche Bayerns schon zum lieb gewordenen Ritual geworden. Für eine Tour im Pfaffenwinkel gehört der Besuch der beeindruckenden Rokokokirche »Zum gegeißelten Heiland auf der Wies« zum Pflichtprogramm – wie auch für jede Menge Chinesen und Japa-

ner auf ihrem Europa-Trip. Mit sakralem Beistand machen wir uns wieder auf den Weg, schweben über einige Kurven nach Steingaden und biegen hier links auf die B 17. Die beeindruckende Kulisse des mit jeder Reifendrehung näher rückenden, mächtigen Bergpanoramas hält uns von höheren Geschwindigkeiten ab, um dieses Motorrad-Kino etwas intensiver zu genießen. Wir streifen vorbei am östlichen Ufer des Bannwaldsees. Wer Lust auf eine nasse Erfrischung hat, findet am unweit der Straße gelegenen Campingplatz einladende Badestellen. Uns zieht es jedoch in das Märchenreich König Ludwigs II.

Schon von dem kleinen Sträßchen, das vorbei an der Kirche St. Coloman zum großen Parkplatz führt, zeigt sich das berühmte Schloss. Anders als in Hochglanzprospekten mit stimmungsvollen Großformataufnahmen erscheint es in Wirklichkeit vor dem 1881 Meter hohen Massiv des Tegelbergs fast ein wenig verloren. Zu Füßen Neuschwansteins, im Ort Hohenschwangau, liegt das gleichnamige ältere Schloss.

Nur noch ein Katzensprung ist es von hier bis nach Füssen, was im anschwellenden Besucherstrom zur Hochsaison reichlich Geduld erfordert. Die Stadt ist ebenfalls fest in Touristenhand, was sich im hohen Preisniveau spiegelt. Das sollte uns jedoch nicht abschrecken, ein wenig durch die belebten Altstadtgassen der Fußgängerzone und hinauf in den Hof des Hohen Schlosses zu stapfen. Verblüffende Illusionsmalerei täuscht Fenster und Erker vor, wo nur glatte Wand ist. Etwas unterhalb, im beeindruckenden Komplex der Klosteranlage St. Mang, ist neben dem Museum der Stadt Füssen in der St.-Anna-Kapelle unter anderem auch der berühmte Füssener Totentanz zu bewundern. Es gibt noch viele weitere, gute Gründe, der Stadt einen Besuch abzustatten, die Urlauber aus aller Welt schätzen und mit Leben füllen. Betrachten Sie am besten einfach selbst das bunte Treiben von einem Logenplatz in einem der gemütlichen Straßencafés.

Schloss Neuschwanstein ist weltweit wohl das bekannteste Bildmotiv Deutschlands.

REISE-INFOS

Allgemeines
Sehenswürdigkeiten von Weltrang, eingebettet in eine paradiesisch anmutende Voralpenlandschaft zeichnen diese Tour aus. Vom idyllischen oberbayerischen Pfaffenwinkel – der kirchen- und klosterreichen Gegend der Landkreise Weilheim-Schongau, Landsberg und Starnberg – geht es ins Märchenland des legendenumwobenen Königs Ludwig II.

Motorradfahren
Größtenteils bewegen wir uns auf breit ausgebauten, an schönen Wochenenden in der Hochsaison auch viel befahrenen Bundesstraßen. An ruhigeren Wochentagen lässt es sich genüsslich durch die zahlreichen Kurven ziehen.

Sehenswürdigkeiten & Aktivitäten
Ein besonderes Highlight sind sicherlich die alljährlichen Schlosskonzerte im September in Neuschwan-stein. In Füssen sollte man sich die beeindruckende Anlage des Klosters St. Mang und das über ihm thronende Hohe Schloss nicht entgehen lassen. Wem es bei so viel Kultur zu heiß wird, der geht einfach in einen der vielen umliegenden Seen zum Baden.

Essen & Trinken
***Gasthaus Bayerischer Rigi**, Mattäus-Günther-Platz 2, 82383 Hohenpeißenberg, Tel. 08805/330, www.bayerischer-rigi.de. Traditionsgasthaus und beliebter Bikertreff*
***Trauchgauer Almstube**, Im Bruch 3, 87642 Halblech, Tel. 08368/348, Montag Ruhetag*

Übernachtung
***Gästehaus Köpf**, Geiselsteinweg 6, 87629 Füssen, Tel. 08362/79 53, www.gaestehaus-koepf.de. Bikers welcome.*

Positive Schwingungen im Namloser Tal

Flottes Kurven-surfen zum Königsschloss Linderhof

Gewürzt mit kulturellen Highlights, auf Bikers Traumstraßen durch die abwechslungsreiche Berglandschaft der Ammergauer und Lechtaler Alpen

Berwanger Tal mit herrlicher Aussicht in die Lechtaler Alpen

Inspiriert von den märchenköniglichen Ludwig-Schlössern bei Füssen, statten wir auf dieser Tour einem weiteren seiner fürstlichen Bauten einen Besuch ab. Mit Schloss Linderhof hat Ludwig II. sich einen letzten Traum realisiert, bevor es zu seinem bekannten tragischen Ende im Starnberger See kam. Doch nicht nur für bayerische Monarchisten ist diese Tour ein Genuss. Verlockend und betörend schön ist die Route durch die atemberaubenden Kurven des Namloser Tals und über den Traumpass Hahntennjoch. Der malerische Blick vom Fernpass auf die Zugspitze sowie das bezaubernde Ettal mit dem verspielten Prachtbau des schöngeistigen Wittelsbachers sind weitere Höhepunkte dieser Tour. Durch weite Kehren über den Ammersattel und mit den anschließenden Schräglagen um das smaragdfarbene Wasser des Plansees bewegen wir uns im siebten Motorradfahrer-Himmel. Und warum es nicht den Allgäuer Bikern gleichtun und auf einen Nachmittag bei den Nachbarn in Tirol und Oberbayern vorbeischauen?

Von Füssen kommend umfahren wir das geschäftige, staugefährdete Reutte auf der 179, die zur »Sisi-Straße« erhoben wurde. Über bewaldeten Buckeln thronen stolz die Ruinen Ehrenberg und Hochschanz. Über den Engpass, mit seinen 946 Metern eher ein Pässchen, schwingen wir an Heiterwang vorbei nach Bichlbach und setzen den Blinker rechts ins Berwanger Tal. Zahlreiche Kurven und bis

TOUR-CHECK

Start: Reutte
Ziel: Reutte
Tourencharakter: Kulturelle und kurvige Höhepunkte
Tourenlänge: 175 km
Kombinierbar mit Touren: 13, 14
Genussfaktor:
▶ *Fahrerisch:* ★ ★ ★ ★ ★
▶ *Sightseeing:* ★ ★ ★ ★ ★
▶ *Kulinarisch:* ★ ★ ★

zu zwölf Prozent Steigung heben uns bis vor die grandiose Kulisse der Lechtaler Alpen. Am Scheitelpunkt bei Rinnen zirkeln wir wieder abwärts. Über das rauschende Wasser des Rotlechs und zwischen mächtigen Berggipfeln wie Galtjoch, Knitterkarspitze, Seelakopf, Rudiger und Namloser Wetterspitze wedeln wir ins Tal des Namloser Baches. Für uns meist unsichtbar und tief unten am Grund der steilen, fast senkrecht abfallenden Felswände strömt sein Wasser dem Lech entgegen. In seiner weiten Senke cruisen wir am Fluss entlang sechs Kilometer Profil sparend stromaufwärts. Durchs urtümliche Bschlaber Tal – das gerne als Filmkulisse verwendet wird – hoch zum Hahntennjoch ist dann wieder jede Menge Reifengrip gefragt. Serpentinen und Kurven satt, ein Fahrgenuss der Extraklasse. Kein Wunder, dass es auf der höchsten Alpenstraße der nördlichen Kalkalpen am Wochenende nur so von Motorradlern wimmelt. Mein Tipp: Stoppen Sie in Pfafflar, in einem der ältesten Hochdörfer Österreichs, und bewundern Sie die urigen Holzhäuser aus dem 13. Jahrhundert aus der Nähe – sie sind ohne einen einzigen Metallnagel gebaut worden.

Über der Baumgrenze, auf 1894 Metern, kommen wir zum Höhepunkt, zum Joch, einer Einsattlung der mächtigen und lang gestreckten Felsmauer der Heiterwand. Gigantische Geröllhalden türmen sich an den steilen Bergflanken. »Der Berg rutscht!«, könnte man frei nach Luis Trenker rufen. Aus dieser doch eher

Ehrfurcht gebietende Berglandschaft – die Heiterwand am Hahntennjoch

Schloss Fernstein – die mittelalterliche Wacht am Fernpass beherbergt heute ein stilvolles Hotel.

MEIN TOPTIPP – SCHLOSS LINDERHOF

Es war Ludwigs Lieblingsschloss und Lieblingsaufenthaltsort. Hier spürt man wohl auch am besten den schwärmerischen Geist seiner Entrücktheit in eine für ihn real gewordene Märchenwelt. Nach mehreren An- und Umbauten des alten Königshäuschens, in dem er als Jugendlicher mit seinem Vater während der Jagd des Öfteren verweilte, wurde das auf steinernem Fundament ruhende Holzhaus um 200 Meter versetzt und zwischen 1874 und 1878 das Schloss im Rokokostil erbaut.

Schloss Neuschwanstein war zu dieser Zeit noch eine Großbaustelle, deren endgültige Fertigstellung der Märchenkönig ja nicht mehr erlebte. In Linderhof lebte er zeitweise seinen Traum. In der berühmten Venusgrotte mit der verschnörkelten, goldfarbenen Gondel und im Maurischen Kiosk mit dem blauen Pfau vor lichtdurchfluteten Glasmosaiken erhält man wohl den besten Einblick in seine Welt aus 1001 Nacht. Er brachte mit seinen Unsummen verschlingenden Bauvorhaben die damaligen Staatskassen bis an den Rand des Bankrotts – ihm brachte es letztendlich die Entmündigung und den Tod. Heute ziehen seine Schlösser jährlich Millionen von Besuchern aus der ganzen Welt an, sind Markenzeichen von unschätzbarem Wert für den Tourismus in Deutschland. Weitere Infos: www.linderhof.de

Zahlreiche Serpentinen führen von Westen zum Traumpass Hahntennjoch.

lebensfeindlichen Lage pendeln wir auf der gut ausgebauten Straße hinab nach Imst. Zwecks weiterer Fahrfreude lassen wir die Stadt rechts liegen und rauschen durchs Gurgltal zum Fernpass. Die Aussicht auf das hübsche Schloss Fernstein mit seinen beiden spitzbehäupteten Wehrtürmchen lockt uns in das gegenüber am gleichnamigen See gelegene Café.

Eher niedlich im Vergleich zu Ludwigs königlichen Prunkbauten, fällt uns das Rendezvous mit Schloss Linderhof wieder ein. Wir schwingen uns auf die Sitzbank, und ab geht's über den Fernpass. Den wunderbaren Blick auf die Zugspitze erhaschen wir diesmal nur im Vorbeihuschen. Entlang der Loisach geht es zügig nach Garmisch-Partenkirchen. Eine »Grüne Welle« auf der B 23 trägt uns glücklicherweise staufrei durch die Wintersportmetropole. Dank des Umgehungstunnels ist Farchant seit einigen Jahren vom Durchgangsverkehr befreit und somit beschaulich geworden. Wir quetschen uns also nicht geschwind durch die neonbeleuchtete Röhre – soviel Zeit muss sein. Vor der Ortschaft Oberau biegen wir dann links ins Ettal, an dessen Eingang das Ettaler Manndl, der Hausberg der Oberammergauer, wacht. Für die unbedingt sehenswerte barocke Anlage des berühmten Klosters Ettal bleibt heute leider keine Zeit mehr, wollen wir doch gut zehn Kilometer weiter auf des Königs Parkett in Linderhof wandeln. Von dort geht es über die weitschweifigen Kehren des Ammersattels zurück nach Österreich. Ein absolutes Schmankerl zum Schluss, praktisch die Nachspeise zu unserem heutigen Touren-Menü, bekommen wir mit der herrlich kurvigen Uferstraße des Plansees serviert.

Durchs steil und eng eingeschnittene Bschlabser Tal ...

... geht es nach Pfafflar mit seinen jahrhundertealten, geduckten Holzhäusern.

REISE-INFOS

Allgemeines

Zur südöstlichen Nachbarschaft des Allgäus, in eine der schönsten Ecken von Tirol und von Oberbayern, führt diese Tour. Wir kurven durch die abwechslungsreiche und vielseitige Berglandschaft der Lechtaler und Ammergauer Alpen und am Rand des Wettersteingebirges entlang.
Tirol Info, *Maria-Theresien-Str. 55, A-6610 Innsbruck, Tel. 0043/512/727 20, www.tirol.at*

Motorradfahren

Die Straßen sind fast durchwegs gut und breit ausgebaut. In Reutte und um Garmisch-Partenkirchen ist an schönen Wochenendtagen zur Hochsaison schon mal Staugefahr. Im Namloser Tal und auf dem Hahnentennjoch sind Motorradfahrer eher unter sich.

Sehenswürdigkeiten & Aktivitäten

Kloster Ettal, *Kaiser-Ludwig-Platz, 82488 Ettal, Tel. 08822/740, www.kloster-ettal.de. Ausgedehnte Benediktinerabtei mit berühmter*

Barockkirche, Brauerei, Verlag, Schule und Internat. Im Klosterladen kann man sich mit köstlichen Bieren und Likören versorgen.
Schloss Linderhof, *Linderhof 12, 82488 Ettal, Tel. 08822/920 30, www.linderhof.de*

Essen & Trinken

Rasthaus Zugspitzblick, *Fernpassstr. 45, A-6633 Bieberwier, Tel. 0043/5673/22 98, www.segnal.at. Beliebte, aussichtsreiche Rast.*
Gasthof Bergheimat, *Boden 40, A-6647 Pfafflar, Tel. 0043/5635/231, www.tirol.com/bergheimat*

Übernachtung

Hotel Edelweiß, *Berwang Nr. 43 A, A-6622 Berwang, Tel. 0043/5674/84 23, www.edelweissberwang.at. Bei Bikern beliebte, feine Unterkunft.*
Alpenhotel Ammerwald, *Ammerwald 1, A-6600 Reutte, Tel. 0043/5673/23 02, www.ammerwald.at. Geschichtsträchtiges Hotel, ideal zwischen Linderhof und Plansee gelegen.*

*Malerischer Haldensee,
zu schön um nur daran
vorbei zu fahren*

Die Allgäuer Riviera – tiefe Seen und hoch aufragende Berge

In dieser Bilderbuchlandschaft des Ostallgäus kommt man vor lauter Schauen mit dem Fahren nicht mehr hinterher. Entdecken Sie reizvolle Plätze, die Sie in ihren Bann ziehen werden, und genießen Sie zwei typische Allgäuer Spezialitäten: Käse und Kurven.

Die Legendäre Oberjoch-Straße, Austragungsort der jährlichen Oberall-gäu-Historic-Rallye

Wenn der Föhn, dieser warme südliche Fallwind, das mächtige Gebirge zum Greifen nah erscheinen lässt, erfüllt sich der Werbeslogan »Logenplatz vor den Alpen« des ruhigen und beschaulichen Urlaubsortes Seeg. Von hier aus starten wir unsere Runde durchs Ostallgäuer Oberland. Seitdem im Sommer 2009

das Teilstück der A 7 zwischen Kempten und Füssen fertiggestellt wurde, hat sich die Verkehrslage im viel besuchten Ferienparadies etwas entspannt. Meist geht es jetzt reibungslos durch die aus Staumeldungen bekannten Orte wie Pfronten und Nesselwang.

In Richtung des Letzteren halten wir uns, und schon nach einem Kilometer bietet sich im Schwaltenweiher die erste Bademöglichkeit des Tages. Es liegen noch mehrere einladende Seen auf dieser Strecke, daher mein Tipp: Badetuch und -hose nicht vergessen. Ein paar Kurven weiter, hinter Nesselwang, ist es am Grüntensee für uns noch zu früh, um sie auszupacken, wir sind gerade erst dabei uns einzuschwingen in die saftig grüne Allgäuer Buckellandschaft. In deren Mulden haben sich ja nach der letzten Eiszeit die vielen Seen gebildet, vom Menschen zusätzlich bereichert um einige künstlich gestaute.

Wir tauchen weiter ein in Schräglagen, kurven in einem weiten Bogen um den Grünten (1738 m), den »Wächter des Allgäus«. Nach

---

TOUR-CHECK

Start: *Seeg*
Ziel: *Seeg*
Tourencharakter: *Genusstour vor herrlichem Panorama*
Tourenlänge: *140 km*
Kombinierbar mit Touren: *1, 2, 13, 14*
Genussfaktor:
▶ **Fahrerisch:** ★ ★ ★ ★
▶ **Sightseeing:** ★ ★ ★ ★
▶ **Kulinarisch:** ★ ★ ★ ★

Hopfen am Hopfensee: die »Riviera Allgäus«

Gute Einkaufsmöglichkeit bietet der Werksverkauf der Firma Held in Burgberg.

Rettenberg, dem höchstgelegenen Brauerei-Ort Deutschlands, biegen wir links nach Burgberg zum Shopstopp bei der Firma Held. Auf einer Nebenstrecke geht es weiter zur B 308, die hier ein Teilstück der Deutschen Alpenstraße ist. Bis zur Ortschaft Oberjoch folgen wir ihrem serpentinenreichen Lauf, verabschieden uns dann von ihr und wedeln über den Oberjoch-Pass (1178 m) hinüber nach Österreich. Durch das weite Tannheimer Tal geht es dort auf sanft geschwungener Fahrbahn weiter. Landschaftlich reizvoll ist auch die Abkürzung der Tour entlang der Steinacher Ache nach Pfronten. Wir hängen aber noch ein gemütliches Schleifchen dran, vor-

MEIN TOPTIPP – HELD-SHOP

Am Stammsitz der 1946 gegründeten Handschuhschneiderei finden Sie in Burgberg die wohl größte Auswahl an Motorrad-Handschuhen in Deutschland. Aus der kleinen Schneiderei hat sich ein umsatzstarker, weltweit agierender Komplettanbieter für Motorradbekleidung entwickelt. Einige innovative Produkte, wie die magnetischen Nylon-Tankrucksäcke oder der erste kängurulederne Sporthandschuh, wurden hier entwickelt. Der Familienbetrieb wird mittlerweile in dritter Generation geführt, und neben dem kompletten Sortiment von Held Biker Fashion findet sich im weiträumigen Laden auch eine reiche Produktpalette an Motorradzubehör und -ausstattung anderer namhafter Hersteller. Die freundliche und fachlich kompetente Beratung hilft bei der Kaufentscheidung. Als Zuckerl obendrauf gibt es auf die meisten Artikel noch zehn Prozent Rabatt auf den Katalogpreis. Gerne werden auch Maßanfertigungen, Änderungen und Sonderwünsche angenommen.

Held-Shop, Rettenberger Str. 7, 87545 Burgberg, Tel. 08321/66 46 31, www.held-shop.de

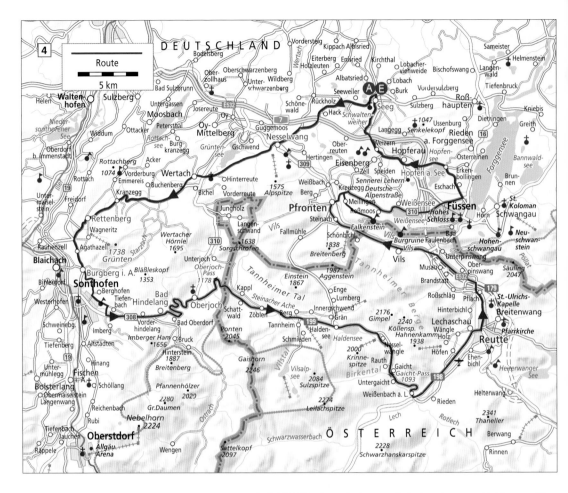

Die einspurige Anfahrt zur Burgruine Falkenstein wird per Ampel geregelt.

bei am malerisch gelegenen Haldensee, über den spitzkehrigen Gaichtpass, durch das lebhafte Reutte und zurück entlang dem Flüsschen Vils.

Auf keinen Fall auslassen sollte man bei Pfronten den Abstecher zur Burgruine Falkenstein. Die Benutzung der einspurigen, gebührenpflichtigen, zwei Kilometer langen Privatstraße wird durch eine Ampel geregelt. Immer 15 Minuten nach jeder vollen Stunde zeigt sie bergauf für 40 Minuten grün. Von den Resten der mittelalterlichen Gemäuer bietet sich ein fantastischer Ausblick. Weißensee, Hopfensee, Forggensee und Bannwaldsee liegen uns auf der einen Seite zu Füßen. Auf der anderen, vor alpinem Panorama, die 13-Dörfer-Gemeinde Pfronten. Ein wahrhaft königlicher Platz wird sich auch Ludwig II. gedacht haben, als er 1883 das Gelände erwarb. Sein früher Tod ließ aber die tollkühnen Pläne und Träume, die er um den Falkenstein sponn, platzen. Statt eines weiteren Märchenschlosses verwöhnt heute etwas unterhalb der Ruine das feine Burghotel auf dem Falkenstein seine Gäste. Wir nutzen die Abwärts-Grünphase zur vollen Stunde und rauschen beeindruckt auf unseren Stahlrössern zu Tal.

Auf der B 310, vorbei am Weißensee, schwingen wir uns gemütlich durch die eben noch aus der Vogelperspektive gesehene Landschaft. Füssen und den Forggensee streifen wir nur am Rand, halten uns Richtung Hopfen am See. Das dunkelblaue, von einer schmalen Liegewiese umsäumte Gewässer vor dem wundervollen Alpenpanorama wird liebevoll »Riviera des Allgäus« genannt. Ein idealer Platz, die Badehose auszupacken und sich, fast am Ende dieser Tour, im kühlen Nass zu erfrischen. Wie zum Abschluss eines guten Essens fehlt zu unserer Tour nur noch der Käse und zur nächsten Käserei ist es im

Allgäu bekanntlich nicht allzu weit. Schon einen Kilometer weiter erhalten wir in der Sennerei Lehern eine erste Kostprobe dieser naturreinen Spezialitäten, für die das Allgäu weit bekannt ist.

Ungefähr 25 Kilogramm wiegt ein Laib Bergkäse, der hier in der Sennerei Lehern reift.

REISE-INFOS

Allgemeines
Sanft gewellte Moränenhügel, malerisch eingebettete Seen und zwei kleinere Pässe über die nördlichen Allgäuer Alpen kennzeichnen diese aussichtsreiche Tour durch das südliche Ostallgäu.
Touristinformation Seeg, *Hauptstr. 33, 87637 Seeg, Tel. 08364/98 30 33, www.seeg.de*

Motorradfahren
Tiefe Schräglagen erlauben die meist gut ausgebauten Straßen, auf denen man im Urlaubsparadies zur Hochsaison natürlich nicht alleine unterwegs ist. Das kürzlich fertiggestellte Teilstück der A 7 hat die Verkehrssituation aber um einiges entschärft.
BMW Motorradtechnik, *Anton Ücker, An der Lexenmühle 6, 87541 Bad Hindelang, Tel. 08324/95 34 07, www.bmw-uecker.de. Restauration von Klassikern sind die große Leidenschaft des ehemaligen Paris–Dakar-Mechanikers.*

Sehenswürdigkeiten & Aktivitäten
Sennerei Lehern, *87659 Hopferau/Allgäu, Tel. 08362/75 12, www.sennerei-lehern.de. Bei einer Führung kann man dem Käse beim Reifen zusehen.*

Oldtimer-Traktor-Vermietung Strobel, *Rindegger Weg 4, 87484 Nesselwang, Tel. 08361/13 24, www.traktorausflug.de. Wer will, wechselt für einen Nachmittag den fahrbaren Untersatz und »entschleunigt« sich auf einem Oldtimer-Traktor.*
Privat-Brauerei Zöttler, *Grüntenstr. 2, 87549 Rettenberg, Tel. 08327/92 10, www.zoettler.de. Das älteste, noch existierende Familienunternehmen im deutschsprachigen Raum. Eine Spezialität der Brauerei ist das in der Vollmondnacht gebraute Vollmondbier.*

Essen & Trinken
Burghotel auf dem Falkenstein, *Auf dem Falkenstein 1, 87459 Pfronten, Tel. 08363/91 45 40, www.burghotel-falkenstein.de*
Jagdhütte Kranzegg, *Sonthofener Str. 15, 87549 Rettenberg-Kranzegg, Tel. 08327/503, www.jagdhuette.de. Urige Gaststätte, beliebter Bikertreff.*

Übernachtung
Landhotel Seeg, *Wiesleutenerstr. 9, 87637 Seeg, Tel. 08364/880, www.landhotel-seeg.de. Ruhig gelegenes Hotel mit guter Küche.*

*Weiden, Wälder, Alpen-
panorama – Allgäu pur,
hier bei Stötten*

Von Kurven und Kühen

Wir bummeln gemütlich durch sanft gewelltes, saftiges Weideland, dessen glubschäugige, wiederkäuende Bewohner wir bei der alljährlichen Viehscheid, dem Almabtrieb, treffen. Diese Zeit im Spätsommer ist einer der Höhepunkte im Allgäuer Kalender.

Der Auerberg, beliebtes Ausflugsziel mit Panorama-Blick

Man spricht ja gerne vom »Grünen Allgäu«, und man muss hier nicht lange unterwegs sein, um zu wissen warum. Anders als auf der östlichen Seite des Lechs, wo Mais, Getreide, Kraut und Rüben die bäuerliche Landschaft prägen, ist hier alles auf Vieh- und Weidewirtschaft eingestellt. Wiesen, so weit das Auge reicht – und nicht zu vergessen das allgegenwärtige Rindvieh. Berühmt-berüchtigt ist die alljährlich zelebrierte Viehscheid, die man als Allgäu-Reisender mindestens einmal erlebt haben muss.

Doch nun von der Kuh zum Motorrad. Von Marktoberdorf fahren wir auf einer Nebenstrecke über Ruderatshofen nach Aitrang. Wer lieber baden als Küheschauen geht, zweigt dazwischen zum Moorbad am Elbsee ab. Vor Unterthingau überqueren wir die B 12 und schlängeln uns über Wald und Lengenwang nach Seeg. Letzterer ist wohl der nördlichste Ort im Ostallgäu, in dem man einer Viehscheid beiwohnen kann, und im Vergleich zu den kuhreicheren südlichen Gemeinden geht es hier noch recht beschaulich zu. So an die 60 Jungrinder werden von der Alpe Beichelstein von lederbehosten Hirten durch den Ort getrieben, wo sie gegen Mittag eintreffen. Als einige der wenigen Alpen ist die in Beichelstein direkt mit dem Motorrad erreichbar. Mein Tipp: ein Abstecher zu Kaffee und Kuchen auf der aussichtsreichen Terrasse. Bis auf donnerstags und den Viehscheidtag ganzjährig geöffnet. Bei diesem Anlass darf natürlich ein Bier-

TOUR-CHECK

Start: Marktoberdorf
Ziel: Marktoberdorf
Tourencharakter: Gemütliches Kurven abseits des großen Touristenrummels
Tourenlänge: 123 km
Kombinierbar mit Touren: 1, 6, 13
Genussfaktor:
▶ *Fahrerisch:* ★ ★ ★ ★
▶ *Sightseeing:* ★ ★ ★ ★
▶ *Kulinarisch:* ★ ★ ★ ★ ★

Hochzeit im Allgäu bei der herbstlichen Viehscheid ...

... mit zünftiger Blasmusik und vollen Bierzelten

zelt mit zünftiger Blasmusik nicht fehlen. Wir entziehen uns dann aber langsam dem aufsteigenden Bierdampf im sich füllenden Festzelt, schwingen unsere Hufe übers Motorrad und kurven weiter. Doch Vorsicht, die glitschigen Hinterlassenschaften der Vierbeiner, die gefährlichen »Allgäuer Tellerminen«, haben schon so manchen Motorradfahrer aus dem Gleichgewicht gebracht.

In Roßhaupten biegen wir links auf die B 16 ein und drehen kurz am Gasgriff, bevor wir nach sechs Kilometern in Steinbach wieder auf eine Nebenstrecke Richtung Stötten fahren, ein kleines, verschlafenes Dorf, das leicht übersehen wird. In der regionalen Oldtimer-Szene ist Stötten aber mittlerweile ein Begriff. Seit 2004 treffen sich in dem idyllisch gelegenen Ort Freunde von altem, zweirädrigem, motorbetriebenem Eisen. Kurven- und aussichtsreich geht es weiter nach Bernbeuren.

Empfehlenswert ist ein Abstecher über die ehemalige, legendäre Bergrennstrecke hinauf

MEIN TOPTIPP – VIEHSCHEID IM ALLGÄU

Böse Zungen mögen behaupten, die Allgäuer Viehscheid sei zu einer Unterhaltungsveranstaltung für die in Scharen anströmenden Zuschauer verkommen. »Inzwischen steht das Rindvieh nur noch mit großen Augen staunend vor dem Rummel, der um seinen Abtrieb gemacht wird«, schreibt Stefan Markus in seinem Büchlein »All•gäu heiter betrachtet«. Bei rund 20000 Besuchern des traditionellen Kuh-Events, wie zum Beispiel in Bad Hindelang, könnte man den zynischen Stimmen schon Recht geben. Die Almwirtschaft ist für das Allgäu jedoch weit mehr als eine landschafts- und kulturpflegerische Maßnahme der Fremdenverkehrsämter. Sie ist als Kinderstube für die Rinderzucht von elementarer Bedeutung. Im gesamten Allgäu werden so an die 30000 Rinder in den Sommermonaten auf Almen gehalten, davon 27000 Jungtiere und 3000 Milchkühe. Allein im Ostallgäu findet innerhalb von zwei Septemberwochen die Viehscheid in über 20 Gemeinden statt. Dazu gehören volle Festzelte, zünftige Blasmusik und jede Menge Bier. Egal, ob es eher eine kleinere Veranstaltung ist oder eine große wie in Pfronten mit über 400 Tieren, entgehen lassen sollte man sich dieses lebhafte Spektakel nicht. Einen Viehscheid-Kalender gibt's unter: www.allgaeuseiten.de.

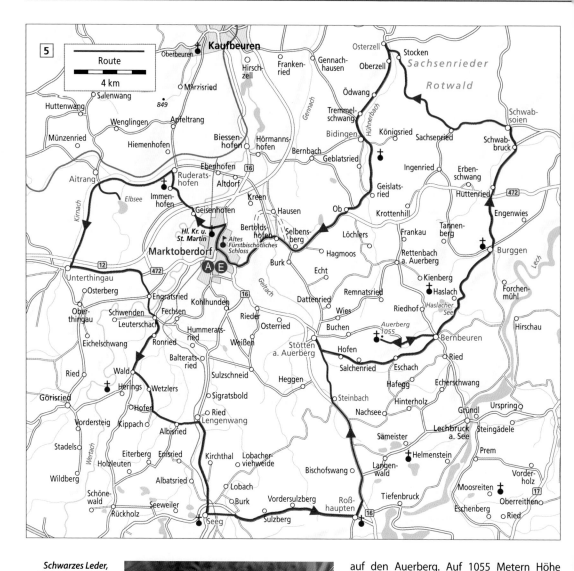

Schwarzes Leder, Nieten und Ketten: die schwere Kluft der alten Rocker

auf den Auerberg. Auf 1055 Metern Höhe erwartet uns neben der kleinen Kirche ein gemütlicher Panoramagasthof mit kulinarischen Leckereien. Mit vollem Bauch rollen wir den Berg umso schneller hinab. Beim einladenden Freibad am Haslacher See, gleich hinter Bernbeuren, ergibt sich die Möglichkeit, die einverleibten Kalorien wieder abzuschwimmen. Wir lassen's gut sein, schwingen weiter auf einsamen Wegen über Burggen und vorbei an Schongau nach Schwabsoien. Leider gibt die alte Hammerschmiede dort nur jeden ersten und dritten Sonntag im Monat einen Einblick in die frühere Kunst der Eisenbearbeitung. So grummeln unsere Motoren leicht untertourig weiter vor sich und mit uns dahin. Wir genießen schöne Ausblicke und eine allgemeine Freude am Sein. In Osterzell biegen wir links, über Bidingen, zur B 472 ab. Auf ihr geht es in weiten Kurven nach Marktoberdorf zurück. Noch vor dem Ortsschild kreuzen wir eine prächtige, verführerische Allee von ungefähr 400 ehrwürdigen, jahrhundertealten Linden. Knapp zwei Kilometer läuft sie, parallel zur Alpenkette, bis zum fürstbischöflichen Schloss in Marktoberdorf. Für den motorisierten Verkehr ist diese für Kutschen angelegte Prachtstraße gesperrt. Und tatsächlich lässt sich die meditative Tiefe und Wirkung des Weges auch nur zu Fuß erleben. Im Schloss hoch über den Dächern der Stadt hat heute die international hoch angesehene Bayerische Musikakademie ihren Sitz, die immer wieder zu beachtlichen Festivals, wie zum Beispiel dem »Musica Sacra International«, einlädt. Wir lassen die Tour zwar weniger festlich, dafür umso gemütlicher bei einem opulenten Abendessen ausklingen.

Allerlei urige, zweirädrige Vehikel treffen sich ...

... alle zwei Jahre in Stötten zur kleinen Schau.

REISE-INFOS

Allgemeines

Grüne Wiesen und kleine Wäldchen prägen die bucklige Voralpenlandschaft. Im Vergleich zum bergigen Süden spielt der Tourismus hier eher eine untergeordnete Rolle, was sich angenehm auf das Preisniveau auswirkt.

Touristikbüro Marktoberdorf, Richard-Wengenmeier-Platz 1, 87616 Marktoberdorf, Tel. 08342/40 08 45, www.marktoberdorf.de

Motorradfahren

Auf ruhigen, gut ausgebauten Nebenstrecken ist man schnell abseits des oft hektischen Alltags, sie laden eher zum gemütlichen Kurvenschleifen ein als zu temporeicher Hatz.

Oldtimer-Treffen Stötten, alle zwei Jahre am Wochenende vor dem 15. August, das nächste Mal 2011. Infos: Reinhold Angele, Tel. 08349/12 66, www.stoetten.de unter Vereine, Oldie-Freunde Auerbergland.

Sehenswürdigkeiten & Aktivitäten

Nur einen Kilometer südlich von Marktoberdorf kann man an den zwei idyllischen Badeseen, dem Ettwieser Weiher und dem Kuhstallweiher, wunderbar entspannen. Auf dem Weg dorthin über Kohlhunden, liegt an der Straße der alte Pestfriedhof aus dem 14. Jahrhundert. Den ummauerten, leicht verwilderten, mit schmiedeeisernen Kreuzen bestückten Ruheplatz umweht ein leicht schauriger Charme. Nur einen Steinwurf entfernt stößt man auf Ausgrabungen eines Römerbads.

Essen & Trinken

Alpe Beichelstein 249, 87637 Seeg, Tel. 08364/397. Leckere Kuchen oder deftige Brotzeiten bei herrlicher Aussicht genießen.
Panoramagasthof auf dem Auerberg, Auerberg 2, 86975 Bernbeuren, Tel. 08860/235, www.auerberghotel.de

Übernachtung

Landgasthof Königswirt, Schongauer Str. 13, 87616 Marktoberdorf, Tel. 08342/89 71 16, www.koenigswirt.de. Gemütliche und preiswerte Bleibe in Bertoldshofen bei Marktoberdorf.
Campingplatz Elbsee, Am Elbsee 3, 87648 Aitrang, Tel. 08343/248, www.elbsee.eu. Komfortabler Eco-Camping mit nachhaltigem Umweltmanagement.

*Sanfte Kurven-
schwünge durch weite
Kulturlandschaft*

Gänseblümchen-tour durchs Unterallgäu

Auf ruhigen, schmalen Nebenwegen über die Kneipp'sche Kurstadt Bad Wörishofen zum urigen Gasthaus Katzbrui-Mühle und zum Klosterbräu nach Irsee. Eine gemütliche Runde für Genießer über blumige Wiesenbuckel.

Einladende Gastlich-
keit im Kneipp-Ort
Bad Wörishofen

TOUR-CHECK

Start: *Kaufbeuren*
Ziel: *Irsee*
Tourencharakter: *Leicht be-
schwingte, gemütliche Genusstour*
Tourenlänge: *80 km*
Kombinierbar mit Touren: *5, 7*
Genussfaktor:
▶ *Fahrerisch:* ★ ★ ★
▶ *Sightseeing:* ★ ★ ★ ★
▶ *Kulinarisch:* ★ ★ ★ ★ ★

Mit Frühstücksangeboten bis 15 Uhr ist der »Kirschkern«, die Kaffeebar im modernen Kunsthaus in Kaufbeuren, der ideale Startpunkt für Langschläfer. Die zentrale Achse der schmucken Altstadt mit ihren malerischen Ecken und Winkeln ist die Kaiser-Max-Straße. Jeden Donnerstag wird auf ihr der Wochenmarkt mit allerlei leckeren Kulinarias aus der Region abgehalten. Die Menschen treffen sich zu einem Pläuschchen – die Hektik einer Großstadt ist weit entfernt. Noch nicht vom Tourismus vereinnahmt, herrscht beschauliches Treiben in dem rührigen Städtchen. Alljährlich wird im Juli zum mittelalterlichen Tänzelfest der Ausnahmezustand ausgerufen. Die Häuser der Altstadt werden hübsch geschmückt, und mit prächtigen Festumzügen, abenteuerlichem Lagerleben, Rummel und Bierzelt feiern die Bürger seit dem 16. Jahrhundert das älteste historische Kinderfest Bayerns. Wir schwingen uns aufs Bike und verlassen die Stadt nach Osten in Richtung Mauerstetten.

Auf engen Sträßchen geht es über beschauliche Bauerndörfer nach Osterzell und dort links ab durch den dicht und gemischt wuchernden Rotwald. Einige Kilometer weiter wird dieser von saftig grünen Wiesen zurückgedrängt, auf denen gemächlich das fürs Allgäu typische Braunvieh grast. Weit hinter der St.-Stephans-Kapelle faulenzen zwei riesige Windräder in der vorherrschenden Flaute. Wir lenken über die kleine Ortschaft Denklingen in nördlicher Richtung. Unsere Strecke wird immer weniger hügelig, im breiten Fuchstal dann fast schon platt. Ein paar steil ansteigende Kurven heben uns aus diesem zu Eiszeiten und vom Ur-Lech geformten Talbecken.

Liebevoll dekoriert: die alte Katzbrui-Mühle

Über die kleinen Dörfer Waal, Jengen und Weinhausen geht es bis Bad Wörishofen wieder eben dahin.

Bekannt ist das ruhige Kurstädtchen durch den ungewöhnlichen Pfarrer Sebastian Kneipp. Von 1855 an war er mit dem Aufbau der verfallenen Klostereinrichtung beauftragt und

Der blumengeschmückte Kurpark von Bad Wörishofen lädt zum Beine vertreten ein.

*Gemütlich
uriges Kleinod:
das Gasthaus
Katzbrui-Mühle*

*Kunst am Hydrant
in Kaufbeuren*

etablierte von hier aus seine auf fünf Säulen basierende Heilmethode. Zu ihnen zählen ein hoch entwickeltes Wasserheilverfahren, eine naturgerechte und vollwertige Kost, Arzneimittel auf Pflanzenbasis, aktive körperliche Bewegung sowie Einklang von Körper, Seele und Geist. Wir vertreten uns ein wenig die Beine im zentral gelegenen Kurpark mit betörendem Aroma- und Rosengarten. Der durchschnittliche Spaziergänger scheint weit über 70 Jahre zu sein, einige vergnügen sich beim Großfigurenschach, andere spielen Boule.

Gemächlich zuckeln wir aus dem Rentnerparadies hinaus, setzen in Untergammenried den rechten Blinker und stoppen nach gut einem Kilometer beim idyllisch gelegenen Gasthof Hartenthal. Von der großen Terrasse bietet sich bei schönem Wetter ein herrlicher Blick über die bucklige Moränenlandschaft bis weit in die Alpen. Ein steiles, einspuriges Sträßchen führt uns durch dichten Laubwald hinab nach Lauchdorf zur B 16. Wir folgen ihm einige hun-

dert Meter, bevor wir rechts nach Warmisried abzweigen. Dort folgen wir ein Stück weit der Schwäbischen Bäderstraße. Die Landschaft gewinnt wieder mehr an runden Konturen, durch die wir uns bis Vorderbuchenbrunn schlängeln. Dort weisen uns ein Schild und unser langsam zu knurren beginnender Magen nach Katzbrui zur alten Mühle. Ein Leckerbissen der besonderen Art, den Sie sich selbst ohne Hungergefühl nicht entgehen lassen dürfen. Nicht weit lockt schon der nächste lukullische und kulturelle Hochgenuss im altehrwürdigen, ehemaligen Benediktinerkloster Irsee. Doch zuvor wollen wir noch ein wenig unsere Reifen durch die Allgäuer Buckelwelt schwingen, die nicht umsonst ihrer ungeheuren Schönheit wegen gerühmt wird. In einem Bogen über Markt Rettenbach, Ronsberg und Eggenthal erreichen wir so in einer gemütlichen Dreiviertelstunde das frühere Kloster, in dem heute das Schwäbische Bildungszentrum untergebracht ist, landesweit bekannt vor allem durch die jährlich hier stattfindende Klausurtagung der bayerischen SPD. Dass die Herren Politiker wissen, wo's sich gut leben lässt, finden wir in Irsee vollauf bestätigt. In der »griabigen« Klosterschänke werden zu süffigem, urbelassenem Irseer Klosterbier bodenständige Schmankerl serviert. Wem dabei keine göttlichen Eingebungen zuteil werden, der sucht diese vielleicht in der prachtvoll ausgestatteten Kirche oder in

Für Durchreisende gibt's das süffige Irseer Klosterbier auch zum Mitnehmen.

Viele weitere historisches Postkarten gibt es im Braumuseum in Irsee zu sehen.

einem ruhigen Winkel des weitläufigen und stimmungsvollen, von einer verwurzelten Aura umwehten Klosterviertels. Der eher irdisch Orientierte findet in den historischen Gemäuern ein kleines, liebevoll eingerichtetes Brauereimuseum mit einer interessanten Aus-

MEIN TOPTIPP – KATZBRUI-MÜHLE

Ein ganz besonderes Flair weht durch die 350 Jahre alte Gaststube der Katzbrui-Mühle, die etwas abseits friedlich in einem kleinen Tal am plätschernden Bach steht. Vorsicht, dass Sie sich beim Eintreten nicht den Kopf an den niedrigen Türrahmen stoßen. In dem gemütlichen, etwas schummerigen Raum werden Sie sich in eine weit zurückliegende Zeit versetzt wähnen. Schon im 19. Jahrhundert galt die Katzbrui-Mühle als bedeutendes Zeugnis ländlich-bäuerlicher Baukultur. Direkt neben der urigen Gaststube befindet sich die immer noch funktionstüchtige Getreidemühle. Für Gerste, Weizen, Hafer und Dinkel wurde 1866 bei der Modernisierung jeweils ein eigenes Malwerk installiert. Auf Wunsch sperrt der Wirt die Tür zum

Mühlenmuseum auf und erklärt die Anlage. In Betrieb genommen wird sie nur noch einmal im Jahr im Oktober, am Mühlentag. Täglich allerdings wird man nebenan verwöhnt, mit lokalen Schmankerln und Spezialitäten wie fangfrischen Forellen aus dem Mühlenbach, Fleisch aus der eigenen Räucherkammer oder hausgemachtem Brot aus dem Steinbackofen. Sogar ein eigenes Mühlenbier gibt es aus der Ein-Mann-Brauerei. Neben dem alten hölzernen Mühlengebäude, das ein mit Steinen beschwertes Legschindeldach trägt, kann man in einem Anbau ein komfortables Gästezimmer bekommen.
Katzbrui-Mühle, 87742 Apfeltrach-Köngetried/Unterallgäu, Tel. 08269/575, www.katzbrui-muehle.de

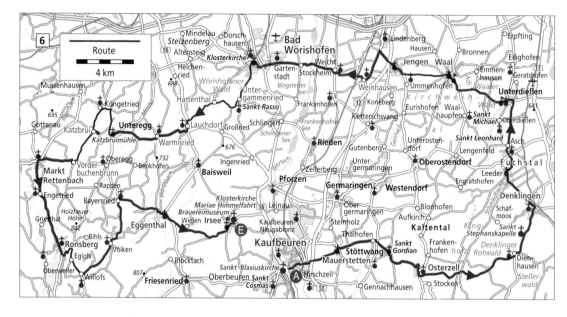

Üppig barocke Pracht der Klosterkirche Irsee

stellung historischer Postkarten, des Weiteren eine Töpferei, eine Massagepraxis und eine Frisierstube. Großer Beliebtheit erfreuen sich auch die verschiedensten kulturellen Veranstaltungen wie besinnliche Orgelvespern,

amüsante Kabaretttage oder der kreative Kunsthandwerkermarkt. Hinter meterdicken Klostermauern lassen wir in historischer Atmosphäre und gemütlichen Gästezimmern den herrlichen Tourentag entspannt ausklingen.

Marienverehrung
am Wegesrand bei
Ronsberg

REISE-INFOS

Allgemeines
Auf dieser Genuss-Tour bieten sich allerlei Möglichkeiten zum ausgiebigen Schlemmen. Im Vergleich zum Oberallgäu halten sich im touristisch nicht so stark frequentierten Unterallgäu auch die Preise auf einem niedrigeren Niveau.
Tourismus & Stadtmarketing e. V., Kaiser-Max-Str. 1, 87600 Kaufbeuren, Tel. 08341/404 05, www.kaufbeuren-marketing.de

Motorradfahren
Die kleinen verkehrsarmen Nebenstrecken sind mal mehr, mal weniger gebogen und laden zum gemütlichen Bummeln ein. Immer wieder eröffnen sich herrliche Ausblicke über die bäuerlich geprägte Landschaft.

Sehenswürdigkeiten & Aktivitäten
Kneippmuseum, Klosterhof 1, 86825 Bad Wörishofen, Tel. 08247/39 56 13, www.kneipp-museum.de. Das kleine, liebevoll eingerichtete Museum erzählt vom Leben und der Lehre des heiltherapeutischen Pfarrers.

Essen & Trinken
Kaffeebar Kirschbaum, Spitaltor 2, 87600 Kaufbeuren, Tel. 08341/28 24, www.kaffeebar-kirschkern.de. Schickes Café im Kaufbeurer Kunsthaus, ideal zum Frühstücken.
Hartenthaler Hof, Hartenthal 2, 86825 Bad Wörishofen, Tel. 08247/390 00, www.landhotel-hartenthal.de. Herrlich gelegen, mit Sicht auf die Alpenkette.

Übernachtung
Klosterbräu-Hotel Irsee, 87660 Irsee/Allgäu, Tel. 08341/43 22 00, www.irsee.com. Komfortables Hotel im Klosterviertel.
Hotel Goldener Hirsch, Kaiser-Max-Str. 39–41, 87600 Kaufbeuren, Tel. 08341/430 30, www.goldener-hirsch-kaufbeuren.de. Traditionsreiche, zentral gelegene Unterkunft mit Tiefgarage und Sauna.

Erbaut im 16. Jahrhundert: das
Fuggerschloss in Kirchheim

Von Mindelheim in die kurvenreichen Westlichen Wälder

Abschalten vom oft hektischen Alltag – kein Problem, drehen Sie einfach eine gemütliche Nachmittagsrunde durch die Westlichen Wälder. Nehmen Sie sich Zeit für die Ruhe ausstrahlende Klosteranlage in Oberschönenfeld, und genießen Sie die angenehme Atmosphäre Mindelheims.

*Der eiserne Lands-
knechtführer Georg
von Frundsberg
am Rathaus von
Mindelheim*

TOUR-CHECK

Start: *Mindelheim*
Ziel: *Mindelheim*
Tourencharakter: *Gemächliches
Kurven abseits aller Hektik*
Tourenlänge: *120 km*
Kombinierbar mit Touren: *6, 8*
Genussfaktor:
▶ *Fahrerisch:* ★ ★ ★
▶ *Sightseeing:* ★ ★ ★ ★
▶ *Kulinarisch:* ★ ★ ★ ★ ★

M it grimmigem Blick wacht der krie-
gerische Landsknechtführer Georg
von Frundsberg über den Mindel-
heimer Marienplatz. In Bronze gegossen steht
der berühmteste Sohn der Stadt in einer Eck-
nische der reich verzierten Fassade des Rathauses. Er hat schon etwas Grünspan ange-
setzt, und seine Zeit liegt lange zurück. Am
Anfang des 16. Jahrhunderts war er ein ge-
fragter und meist erfolgreicher Kriegsunter-
nehmer, veröffentlichte sogar einige Schriften
über Strategie und Taktik. Auf den wackeren
Ritter Frundsberg werden wir in der aussichts-

reich gelegenen Mindelburg am Ende unserer Tour noch einmal treffen. Der weitere Lauf der Geschichte brachte den Mindelheimern unstete politische Verhältnisse. Mal gehörte es zu Bayern, mal zu Österreich, von 1710 bis 1715 war es sogar in englischer Hand. Seit 1801 steht die Stadt nun konstant in Bayern.

Wir verlassen das liebenswerte Städtele Richtung Buchloe. Bereits nach ein paar Kilometern bietet sich ein kurzer Abstecher zur idyllisch gelegenen Waldwirtschaft beim St.-Anna-Kapellchen an. In zu erwartender Fahrfreude geht es weiter, am »Allgäu Skyline Park« biegen wir direkt nach Tussenhausen ab. Jetzt in den letzten Oktobertagen werden die vielen Attraktionen und Fahrgeschäfte bereits für die Winterpause eingemottet. Über den Sommer vergnügt man sich hier in einer Adrenalin steigernden Achterbahn, im größten Autoscooter Deutschlands, im spritzigen Wasser-Scooter oder im Sky-Wheel, Sky-Twister,

Sky-Circle, Sky-Shot, Sky-Karts, Sky-Fall und Skyline-Express. Für diese Art von Himmelsreise zu spät, genießen wir lieber das bezaubernde, farbenfrohe Naturschauspiel des irdischen, herbstlichen Waldes. Vorbei am fein-säuberlich aufgeräumten Dorfplatz von Tussenhausen

Goldener Herbst bei Memmenhausen

Der beschauliche Marktplatz von Tussenhausen

Das Allgäu bietet viele einsame Genussstrecken, wie hier bei Habertsweiler.

durchstreifen wir den südlichen Zipfel des Naturparks Augsburg – Westliche Wälder.

Am Rand unseres kurvenreichen, kleinen Sträßchens wechseln sich die bunten Baumgesellschaften ab mit saftig grünen Wiesen, fetten Äckern und verschlafenen Bauernweilern.

Doch einmal im Jahr steht die Region Kopf: wenn die europäische Motorsport-Elite mit ihren PS-strotzenden Boliden den Mickhauser Berg stürmt. Auf diese ungefähr zwei Kilometer lange Rennstrecke biegen wir kurz vor der Ortschaft Mickhausen ein. Kaum zu glauben, dass hier Spitzengeschwindigkeiten von bis zu 230 Stundenkilometern erreicht werden können. Zu seinen Glanzzeiten von den 1960er- bis in die 1970er-Jahre galt das Kurvenlabyrinth am Mickhauser Berg als die schnellste Bergrennstrecke in Deutschland. Sicherlich verführt der griffige, von Doppelleitplanken begrenzte Belag zum Gasgeben. Unsere rennfahrerischen Ambitionen halten sich aufgrund der außerhalb der legendären Autosport-Veranstaltung geltenden Straßenverkehrsordnung, des drohenden Gegenverkehrs und nicht zuletzt des gesunden Menschenverstands in sicheren Grenzen.

Entlang des Flüsschens Schwarzach schlängeln wir uns gemächlich weiter zur Zisterzienserinnenabtei nach Oberschönenfeld. Die schöne Klosteranlage und ihr gemütlicher Biergarten sprechen für eine gründliche Einkehr. Einen Kilometer weiter ist vor Gessertshausen der nördlichste Punkt dieser Tour erreicht. Über Fischach, Langenneuf-

Ort der Entspannung und Ruhe: die Zisterzienserinnenabtei Oberschönenfeld

nach, Walkertshofen und Eppishausen geht es nach Kirchheim in Schwaben.

Das Ortsbild beherrschende Schloss ließ Johannes Fugger zwischen 1578 und 1585 er-

bauen. Bekannt ist sein herrlicher Zedernsaal, der zu den schönsten Renaissance-Sälen Europas zählt. Wegen der einzigartigen Akustik in dem kunstvoll ausgestatteten Raum sind

MEIN TOPTIPP – ZISTERZIENSERINNENABTEI OBERSCHÖNENFELD

»Ein Gesamterlebnis für Körper, Geist und Seele«. So steht es im Prospekt von Oberschönenfeld. Und fürwahr findet sich in der weitschweifigen Klosteranlage etwas für alle Sinne und sogar ein wenig Übersinnliches. In den ehemaligen landwirtschaftlichen Gebäuden sind nach aufwendigen Restaurierungsarbeiten das Schwäbische Volkskundemuseum und die Schwäbische Galerie des Bezirks zu beschauen. Im einen wird das ländliche Alltagsleben vom 19. bis Mitte des 20. Jahrhunderts in Bayerisch-Schwaben veranschaulicht. Im anderen werden Wechselausstellungen zeitgenössischer Künstler präsentiert.

Im Naturparkhaus erfährt man Wissenswertes über die Entstehung der Landschaft und über das Verhältnis Mensch und Natur im Bereich des Naturparks. Riech- und Fühlkästen, Video- und Audioerlebnisse sprechen nicht nur die Sinne der kleineren Besucher an.

Für den Geschmackssinn und das leibliche Wohl wird hervorragend im gemütlichen Klosterstüble oder davor unter riesigen Kastanien im Biergarten gesorgt.

Spezialität: sauer mit Feigen eingelegter Mostbraten. Im Klosterladen gibt es neben allerlei Devotionalien und hochgeistiger Literatur auch Hochprozentiges nach alten Klosterrezepten. Der Brotladen der Klosterbäckerei verkauft knusprig frisches Holzofenbrot.

Die prächtige Kirche steht im Zentrum der Klosteranlage und ist, wie in Bayern üblich, für das Übersinnliche zuständig. Noch gut 20 Zisterzienserinnen halten den klösterlichen Betrieb aufrecht, allerdings sind sie von Nachwuchssorgen geplagt. Dem umfangreichen Programm an spirituellen und meditativen Kursen ist davon allerdings nichts anzumerken. Für Menschen, die Ruhe und Einkehr suchen und Abstand von der Hektik des Alltags gewinnen möchten, bietet das Kloster auch Gästezimmer.

Abtei/Schwäbisches Volkskundemuseum/Naturpark-Haus, *Oberschönenfeld, 86459 Gessertshausen, Museum Tel. 08238/30010, www.schwaebisches-volkskundemuseum.de, Abtei Tel. 08238/96250, www.abtei-oberschoenenfeld.de*

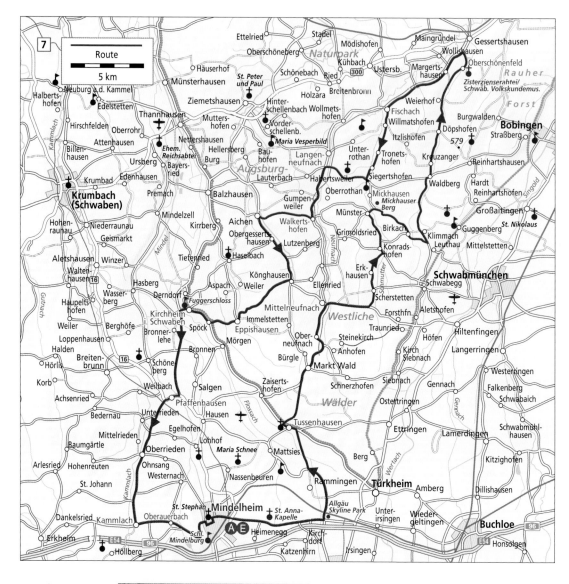

Nische zur Marien-verehrung am Aufgang zur Schloss- und Pfarrkirche in Kirchheim

die Kirchheimer Schlosskonzerte unter Klassikfreunden besonders beliebt. Neben der namensgebenden Libanon-Zeder sind noch 14 verschiedenfarbige einheimische Holzarten zu Masken, Rosetten und Fuggerlilien in der prächtigen Decke verarbeitet. Man muss nur aufpassen, dass man sich bei der Besichtigung nicht den Nacken verrenkt. Die restlichen 52 Zimmer des Schlosses sind für die Öffentlichkeit nicht zugänglich, da sie als Wohnung der Fürstin Angela Fugger dienen. Für uns wird es sowieso Zeit zum Aufbruch, wollen wir in den schon merklich kürzeren Spät-

herbsttagen nicht in die Dunkelheit geraten. Außerdem haben wir ja noch eine Verabredung mit den von Frundsbergs.

Der Weg über Pfaffenhausen, Kammlach und Oberauerbach führt uns in einer knappen halben Stunde zur Mindelburg, hoch über den Dächern von Mindelheim. Hier also erblickte Georg von Frundsberg das Licht der Welt, und hier schloss er 55 Jahre später seine vom ständigen Kampf ermüdeten Augen für immer. Kurz vor seinem Ableben soll er noch resümiert haben: »Drei Dinge sollten jedermann vom Krieg abschrecken: die Verderbung und Unterdrückung der armen, unschuldigen Leute, das unordentliche und sträfliche Leben der Kriegsknechte und die Undankbarkeit der Fürsten.« Vom Bergfried aus sehen wir der Sonne zu, wie sie mit ihren letzten, schon schwachen Strahlen des Tages das uns zu Füßen liegende Städtchen streichelt. Langsam versinkt sie hinter Bäumen am rot glühenden Horizont.

Links: Die Tradition der Wirtshausschilder wird gepflegt, Gasthof Adler in Kirchheim

Rechts: Der weite Blick von der Mindelburg über Mindelheim

REISE-INFOS

Allgemeines
Dichte Wälder, blumige Wiesen, kleinteilige Äcker und Felder überziehen die sanft hügelige Landschaft. Nördlich von Mindelheim geht das Unterallgäu ins Schwabenland über.
Tourist-Information Mindelheim, *Maximilianstr. 26/ Rathaus, 87719 Mindelheim, Tel. 08261/99 15 20, www.tourismus-mindelheim.de*

Motorradfahren
Vielen Kurven und wenig Verkehr begegnen wir auf dieser Tour, die über die legendäre Rennstrecke am Mickhauser Berg führt.
Infos unter: www.asc-bobingen.de

Sehenswürdigkeiten & Aktivitäten
Alle drei Jahre wird in Mindelheim das farbenprächtige, mittelalterliche Frundsberg-Fest gefeiert, das nächste Mal 2012.
Unbedingt ansehen: den einzigartigen Zedernsaal.
Fuggerschloss Kirchheim, *87757 Kirchheim,*

Tel. 08266/860 00, www.zedernsaal.de
Schwäbisches Turmuhrenmuseum, *Hungerbachgasse 9, 87719 Mindelheim, Tel. 08261/69 64, www.mindelheimer-museen.de. Bewundernswerte, technische Meisterwerke der Zeitmessung.*
Allgäu Skyline Park, *Im Hartfeld 1, 86825 Bad Wörishofen, Tel. 01805/88 48 80, www.skylinepark.de. Riesiger Rummel auf dem Freizeitpark.*

Essen & Trinken
Burggaststätte auf der Mindelburg, *87719 Mindelheim, Tel. 08261/14 73*
Waldrestaurant, *St. Anna, 87719 Mindelheim, Tel. 08261/14 84*
Klosterstüble Oberschönenfeld, *86459 Gessertshausen, Tel. 08238/37 30*

Übernachtung
Hotel Alte Post, *Maximilianstr. 39, 87719 Mindelheim, Tel. 08261/76 07 60, www.hotel-alte-post.de. Traditionsreiches Haus im Herzen der Stadt.*

Entschleunigen – und nicht den
eigenen Schatten überholen.

Schwäbische Hochkult(o)ur

Kulturelle und kulinarische Höhepunkte, vom geschäftigen Memmingen über die weithin bekannte barocke Klosteranlage in Ottobeuren und das sehenswerte Fuggerschloss in Babenhausen, stehen im Vordergrund der gemächlichen Schwabentour.

Als »Tor zum Allgäu« wurde Memmingen schon immer gern bezeichnet. Seit dem Ausbau des Flughafens Memmingerberg im Jahr 2006 für den regelmäßigen Passagierverkehr hat dieser Titel an Bedeutung gewonnen. Die zunehmend auch international frequentierte Luftverkehrsstation bringt für die gut 40 000 Einwohner zählende Stadt neben den üblichen schädlichen Emissionen ein Stück an wirtschaftlicher Prosperität. Ist man durch die ausgedehnten Gewerbebetriebe erst einmal in den Kern der

ehemaligen freien Reichsstadt vorgedrungen, findet sich ein sehenswertes Ensemble aus stattlichen Patrizierhäusern und eigenwilligen sakralen Bauten. Auf dem Marktplatz, vor den Arkaden des lang gezogenen Steuerhauses, lässt sich bei einem duftig dampfenden Cappuccino gut das lebhafte Treiben beobachten. Wir schlendern über den großzügig angelegten Platz, bewundern die hoch aufgeschossene Fassade des alten Rathauses mit seinen grünspanigen Erkertürmchen. Das mittelalterliche Stadtbild zieht uns weiter in sich hinein. Wir bummeln in der Fußgängerzone an den verlockenden Auslagen der zahlreichen Geschäfte vorbei und zum einmaligen Siebendächerhaus, in dem einst die Gerber ihre Felle zum Trocknen aufhängten. Stöbern weiter durch verwinkelte Gassen entlang des Stadtbachs. In dem tummeln sich zum alljährlichen lokalen Großereignis, dem Fischertag, neben jeder Menge schuppiger Wasserwesen auch zahlreiche wagemutige Memminger, die ihnen mit Holzgabelnetzen nachstellen. Die ganze Stadt feiert diese feuchte Veranstaltung, in der es natürlich darum geht, den größten Fisch an Land zu ziehen. Viele weitere

> ### TOUR-CHECK
>
> **Start:** *Memmingen*
> **Ziel:** *Memmingen*
> **Tourencharakter:** *Spannende Sightseeing-Tour auf abseitigen Wegen*
> **Tourenlänge:** *130 km*
> **Kombinierbar mit Touren:** *7, 10*
> **Genussfaktor:**
> ▶ *Fahrerisch:* ★ ★ ★
> ▶ *Sightseeing:* ★ ★ ★ ★ ★
> ▶ *Kulinarisch:* ★ ★ ★ ★

*Zutritt verboten!
Privatschlösschen
in Wain*

Feste, interessante Museen, Galerien und über 150 Gaststätten, Restaurants, Cafés und Weinstuben machen die umtriebige Stadt zu einem prädestinierten Ausgangspunkt mit breitem kulturellem Spektrum.

Dieser Tourenvorschlag führt uns durch das »Tor des Allgäu« allerdings nicht tiefer in das hügelige Voralpenland, sondern auf einsamen Straßen in die entgegengesetzte Richtung. In einer nördlichen Runde gehen wir auf Entdeckungsfahrt in die Grenzregion bayerisches und württembergisches Schwaben.

Als erster Punkt auf unserer Kult(o)urreise steht nur zehn Kilometer weiter Ottobeuren mit einer der größten Klosteranlagen Deutschlands. Von 1833 bis 1839 besuchte der im Nachbarort Stephansried geborene Pfarrer Sebastian Kneipp hier die Sonn- und Feiertagsschule. Dominant überragen die zwei mächtigen Glockentürme der berühmten Stiftskirche den beschaulichen Kurort. Die riesige Basilika zählt zu den Hauptwerken des süddeutschen Spätbarocks. Mit unglaublicher, nahezu himmlischer Pracht ausgestattet,

*Verzierte Mauer eines
Hinterhofparkplatzes
in Schwendi*

MEIN TOPTIPP – FUGGERSCHLOSS IN BABENHAUSEN

Im Jahr 1538 erwarb Anton Fugger die Herrschaft über Babenhausen mitsamt Schloss und ließ dieses in den folgenden Jahren aus- und umbauen. Neben seinem Onkel, Jakob dem Reichen, war er das bedeutendste Mitglied der Familie, die zur reichsten der damaligen Welt geworden war. Als Geldgeber für Kaiser und Päpste erlangte sie eine einflussreiche Stellung in der Politik, galt als Königsmacher. Einen interessanten Einblick in die wahrlich spannende Geschichte dieser Kaufmannsfamilie gewährt das im Schloss beherbergte Fugger-Museum. Bis zum Zweiten Weltkrieg war es im Fuggerhaus in Augsburg untergebracht und wurde 1955 im Schloss Babenhausen wiedereröffnet. In den pompösen Gemächern finden sich seltene Preziosen, die sich so im Lauf der Jahrhunderte in einem Fürstenhaushalt ansammeln: wertvolle Möbel, Münzen, Medaillen, Gemälde, Gegenstände der Goldschmiedekunst, Miniaturen, Waffen, Bücher, Porzellan, Glas und Elfenbein. Im Ahnensaal stellen sich auf Portraits verschiedener Jahrhunderte einige Familienmitglieder vor. Der beträchtliche Land- und Immobilienbesitz wird durch die Fürstlich und Gräflich Fuggersche Stiftungs-Administration verwaltet. Diese wiederum überwacht jeweils ein Vertreter der drei Linien: Fugger-Babenhausen, Fugger von Glött und Fugger-Kirchberg.
Fugger-Museum im Schloss, 87727 Babenhausen, Tel. 08333/92 09 27, www.fugger-museum.de

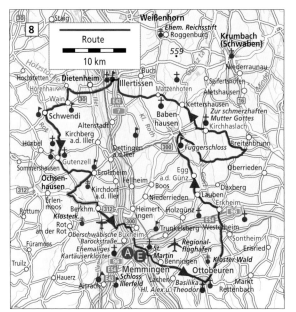

Nach einem zweiten Frühstück im urigen Bräustüberl am Kloster ziehen wir schwer beeindruckt unseres Weges. Auf der folgenden, unspektakulär durch flaches, ackerbäuerliches Land verlaufenden Strecke lassen sich gut die soeben gewonnenen Eindrücke verarbeiten. Nach dieser Demonstration kirchlichen Reichtums und göttlicher Allmacht stoßen wir in Babenhausen auf das mittelalterliche Pendant der weltlichen Seite. Das über dem Ort thronende Fugger-Schloss gewährt mit seinem Museum einen kleinen Einblick in die frühe Hochfinanz.

Sanfte, weite Kurven tragen uns weiter über hügelige Felder, durch kleine Wäldchen und verschlafene Weiler. Bei Kirchhaslach wacht malerisch ein vom Fürst gestiftetes Kapellchen über der friedlichen Szenerie. Nur einige Kilometer weiter, ein wenig abseits der Straße, findet sich idyllisch im Wald gelegen ein weiteres kleines Gotteshaus. Gleich neben der Wallfahrtskirche »Zur schmerzhaften Mutter Gottes« in Matzenhofen wird in der gemütlichen Wallfahrtsgaststätte und in ihrem Biergarten vorzüglich für das leibliche Wohl gesorgt. Der Küchenchef ist selbst begeisterter Motorradfahrer, und so hat sich sein Lokal als Ausflugstipp schon ein wenig in der zweirädrigen Szene herumgesprochen. Passend zum Ort plant er hier künftig eine Motorradweihe zu veranstalten. Wir verabschieden uns diesmal noch ohne göttlichen Segen, überqueren dann etwas südlich von Illertissen die Iller und deren Kanal und wechseln somit von Bayern nach Baden-Württemberg. In Hörenhausen setzen wir den Blinker links nach Wain. Ein beschaulicher Ort mit einem in Privatbesitz befindlichen Schlösschen. In Schwendi, der

Gestiftet vom Fürsten, die neue Fuggerkapelle bei Kirchhaslach

verschlägt sie selbst dem eingefleischtesten Atheisten den Atem: Farbenfrohe Fresken, ziselierte Stukkaturen, an die 1200 propere, teils spitzbübisch dreinschauende Putten, das reich verzierte, aus Nussbaum geschnitzte Chorgestühl mit den vergoldeten Reliefs, die figurenverzierten Kanzeln und üppig geschmückten Altäre summieren sich zu einem »überirdischen« Erlebnis. Weitere Höhepunkte der Benediktinerabtei stellen der Bibliothekssaal, die Abtskapelle, der Theater- und der Kaisersaal dar. Schwer vorstellbar, welch überwältigenden Eindruck dieser in der ersten Hälfte des 18. Jahrhunderts entstandene Gottespalast erst auf die damalige Bevölkerung gemacht haben muss.

Kein Grund den Kopf in den Sand zu stecken: Skulptur bei Halden

Mit dem Bike durch die Wand: verziertes Clubhaus in Eden-bachen

nächsten Ortschaft, stoßen wir auf die Oberschwäbische Barockstraße, der wir nach links bis Gutenzell folgen. Weite, gut einsehbare Kurven verführen dazu, die Pferde mal richtig laufen zu lassen und den Hubraum gehörig auszublasen.

Geschwind geht es so auf der westlichen Seite der Iller zurück nach Memmingen. Wer noch nicht genug von historischen Gemäuern hat, dem sei das ehemalige Kartäuserkloster in Buxheim empfohlen. Daneben lohnen die drei kleinen Badeseen den kurzen Abstecher. Uns zieht jedoch das nahe, quirlige Memmingen magisch an. In den zahlreichen Kneipen, Bars und Discos der Stadt finden wir ein breites und abwechslungsreiches Terrain, die Tour stimmungsvoll ausklingen zu lassen.

REISE-INFOS

Allgemeines

Felder, Wiesen und Wälder wechseln sich in der leicht welligen Landschaft ab. Geprägt wird sie von den drei Flüssen Rot, Iller und Günz, die parallel nach Norden zur nahen Donau fließen. Die Iller markiert dabei zwischen Ulm und dem Illerstausee Lautrach die Grenze zwischen Bayern und Baden-Württemberg. Verkehrsgünstig am Autobahnkreuz von A 7 und A 96 am Rand des Allgäus gelegen, ist Memmingen als das wirtschaftliche und kulturelle Zentrum der Region ein idealer Ausgangspunkt mit zahlreichen Unterhaltungsmöglichkeiten.
Stadtinformation Memmingen, *Marktplatz 3, 87700 Memmingen, Tel. 08331/85 01 72, www.memmingen.de*

Motorradfahren

Auf gut ausgebauten Nebenstrecken kommt man zügig voran. Die Tour eignet sich weniger zum ergiebigen Kurvenkratzen als zum ausgiebigen Bewundern der Perlen am Wegesrand.
Für Oldtimerfans lohnt in Markt Rettenbach ein Abstecher nach Ottobeuren zur **Oldiefundgrube Konschak**, *Leupolz 14 (im Stall), 87724 Ottobeuren, Tel. 08332/923 59 30, www.oldiefundgrube.de. Hier findet man Oldtimer-Zweiradfahrzeuge wie Motorräder, Motorroller, Mokicks, Mopeds, Mofas und Fahrräder sowie diverse Ersatzteile.*

Sehenswürdigkeiten & Aktivitäten
Klostermuseum der Benediktinerabtei, *Sebastian-Kneipp-Str. 1, 87724 Ottobeuren,*
Tel. 08332/79 80, www.abtei-ottobeuren.de
Deutsches Kartausenmuseum in der ehemaligen Reichskartause, *87740 Buxheim, Tel. 08331/618 04, www.kartause-buxheim.de. Neben dem Museum steht die Klosterkirche mit weltberühmtem Chorgestühl.*
Fischertag in Memmingen, *jährlich am Samstag vor Beginn der bayerischen Sommerferien. Ein ganz besonderes Erlebnis.*

Essen & Trinken
Kleines Brauhaus Ottobeuren, *Luitpoldstr. 42, 87724 Ottobeuren, Tel. 08332/92 50 02, www.brauhaus-ottobeuren.de. Im gemütlichen Bräustüberl am Kloster wird nach alter Rezeptur Selbstgebrautes ausgeschenkt.*
Wallfahrtsgaststätte Matzenhofen, *Kettershauser Str. 4, 89299 Matzenhofen, Tel. 07343/92 25 22, matzenhofen@web.de*
Gasthof Zur Post, *Stadtgasse 1, 87727 Babenhausen, Tel. 08333/13 03, www.post-babenhausen.de. Hervorragende Küche in traditionsreicher Gaststätte.*
Grünes Haus, *Lindentorstr. 11, 87700 Memmingen, Tel. 08331/20 08, www.grueneshaus.com. Gutes Restaurant mit gemütlicher Kellerbar.*

Übernachtung
Hotel Weisses Ross, *Salzstr. 12, 87700 Memmingen, Tel. 08331/93 60, www.hotelweissesross.de. 4-Sterne-Hotel in einem denkmalgeschützten Haus in der Altstadt. In den Kreuzgewölben des Restaurants lässt es sich hervorragend speisen.*

Das Schloss in Ratzenried ist der Hauptsitz des Humboldtinstituts für Deutsch als Fremdsprache.

»Bloß it hudle«-Tour

Es gibt sie noch, diese ruhigeren, vom großen Touristenstrom verschonten Gegenden im Allgäu. Begeben Sie sich auf eine gemächliche Entdeckungsfahrt rund um das reizende Städtchen Leutkirch, und lassen Sie sich von der gemütlichen Lebensart der Einheimischen anstecken.

Abgelegenes Bade-idyll: Hinterweiher bei Leutkirch

Gemütlich sitzen wir in den Korbstühlen des Cafés »Blauer Affe« am Gänsbühl, dem leicht ansteigenden Marktplatz von Leutkirch, und beobachten das bunte Treiben um uns herum. »Bloß it hudle«

TOUR-CHECK

Start: Leutkirch
Ziel: Leutkirch
Tourencharakter: Abwechslungsreiches hügeliges Kurven, zum Teil über kleinste Schleichwege.
Tourenlänge: 110 km
Kombinierbar mit Touren: 8, 10, 11, 19
Genussfaktor:
▶ *Fahrerisch:* ★ ★ ★
▶ *Sightseeing:* ★ ★ ★
▶ *Kulinarisch:* ★ ★ ★

(nur nicht beeilen), scheint die Devise der Leutkircher zu sein. Verwunderlicherweise verirren sich nur wenige Touristen in das lebendige Städtchen, obwohl Leutkirch durchaus einiges zu bieten hat. Viele malerische Winkel in der hübsch restaurierten historischen Altstadt sind zu entdecken. Eine rührige Kleinkunstszene sorgt für ein abwechslungsreiches und außergewöhnliches Kulturprogramm. Zentrum dieser Veranstaltungen ist das wuchtige »Haus zum Bock« aus dem 15. Jahrhundert, direkt neben dem alles überragenden alten Wachturm. Seine Uhr mahnt uns schon langsam zum Aufbruch. Wir stülpen die Helme über, starten die Motoren und zuckeln gemächlich durch den verkehrsberuhigten Bereich zum Städtele hinaus. Natürlich haben wir zuvor unsere Zeche im Café bezahlt.

Auf der Wangener Straße überqueren wir die A 96 und kommen nach ein paar Kurven an den Ellerazhofer Weiher, der bei Schönwet-

ter zum Baden einlädt. Über Reichenhofen und einige Serpentinen schwingen wir uns hinauf nach Schloss Zeil. Der Hügel war schon zur Hallstattzeit besiedelt und trägt heute noch die weitschweifige, fürstliche Anlage aus der Renaissance. Der Schlossgarten ist wunderschön angelegt und mit seltenen Bäumen wie Ginkgo, Blutbuche und *Sequoia gigantea* bepflanzt. Von der Aussichtsterrasse, unter der friedlich ein Rudel Rotwild äst, bietet sich ein weiter Ausblick über die in der letzten Eiszeit geformte Moränenlandschaft, bei Kaiserwetter bis hin zu den Schweizer Alpen. Das Schloss selbst ist für die Öffentlichkeit nicht zugänglich, da Teile von der fürstlichen Familie Waldburg-Zeil bewohnt werden. Also satteln wir unsere Stahlrösser und ziehen weiter nach Bad Wurzach. In das kleine, verschlafene Moor- und Thermalbad lockt uns eigentlich nur die Fahrt mit dem »Bähnle« in die zauberhafte, geheimnisvolle Moorlandschaft des Wurzacher Rieds.

Die fürstliche Gartenanlage von Schloss Zeil

MEIN TOPTIPP – TORFBAHN IN BAD WURZACH

Ein besonderes Erlebnis ist ein Ausflug mit der kleinen Torfbahn, liebevoll »Bähnle« genannt, in die einmalige Moorlandschaft des Wurzacher Rieds. Es lohnt sich, die Motorradtour nach deren Fahrplan auszurichten, der jeden zweiten Sonntag und jeden vierten Samstag im Monat einige Fahrten auf der eineinhalb Kilometer langen Strecke vorsieht. Bereits 1876 wurde zum Torfabbau eine Rollbahn mit Wägelchen neben anderen modernen Maschinen eingesetzt. Brenn- und Streutorf baute man bis in die 1960er-Jahre ab, bis zur endgültigen Einstellung 1996 dann nur noch Badetorf für die Wurzacher Kurbetriebe. Seit 2002 dient das Bähnle auf einer neuen Streckenführung dem Tourismus und befördert jährlich über 10 000 Besucher in das Naturschutzgebiet. Direkt neben der Torfbahn an der B 465 findet man auch das sehenswerte Torfmuseum.

Kontakt und Reservierung: Winfried Vincon, Am Reichsberg 12/1, 88410 Bad Wurzach, Tel. 07564/3167, www.torfbahn.de

Typisch Allgäu – Panoramablick bei Siggen

In Bad Wurzach treffen sich die Schwäbische Bäderstraße und die Oberschwäbische Barockstraße. Letztere wurde bereits 1966 ins Leben gerufen und gehört zu den ersten Ferienstraßen Deutschlands. Mittlerweile auf über 500 Kilometer angewachsen, verbindet sie auf verschiedenen Routen weltliche und sakrale Bauwerke dieser Kulturepoche. Die Schwäbische Bäderstraße verknüpft zehn Kurorte von Füssen bis Überlingen am Bodensee. Über sanfte Wellen kurven wir auf ihr bis Aitrach, unterqueren die Autobahn und biegen rechts nach Aichstetten ab. Ganz nach dem Motto »Bloß it hudle« genießen wir die

Eindeutige Wegweisung in Bad Wurzach

Leckere Käsespätzle, ein typisches All-gäuer Schmankerl

ruhigen Nebenwege, schlängeln uns um die teils mit Schilf bewachsenen Ufer des Bad-sees und bewundern von der Siggener Höhe bei Aufreute das alpenländische Bilderbuch-panorama.

Ein paar Kilometer weiter, in Ratzenried, ma-chen uns einige außergewöhnliche Motor-räder am Straßenrand auf die Werkstatt von Herbert Gletter aufmerksam. Der versierte Zweiradmechanikermeister hat sich mit sei-

Sanft gewellte Voralpenlandschaft bei Aufreute, zum Eintauchen und Wohlfühlen

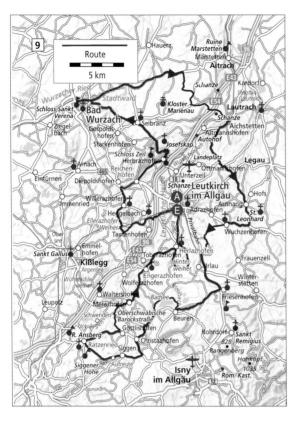

nem Ein-Mann-Betrieb auf Umbauten von BMW-Zweiventil-Boxern spezialisiert. Seine Leidenschaft gilt den Modellen der 1970er-Jahre, seiner Jugendzeit. Stolz zeigt er uns in seinem vollgestellten Ausstellungsraum die Wettbewerbsmaschine, auf der Herbert Schek 1972 Deutscher Geländemeister wurde und die er von seinem früheren Arbeitgeber erworben hat. Auf die Frage nach dem Preis erklärt er uns schmunzelnd: »Das Motorrad ist nicht verkäuflich und eigentlich unbezahlbar«, und fügt hinzu: »Bei Interesse kann ich natürlich etwas Ähnliches auf die Räder stellen.« Selbst eine solche Replica würde unseren Geldbeutel gewaltig sprengen, also verabschieden wir uns und ziehen weiter unseres Weges.

Über die kleinen, verschlafenen Bauernweiler Schwenden und Engerazhofen gelangen wir nach Bettelhofen. Hier biegen wir rechts zum Moorfreibad am Hinterweiher ab. Die enge Straße verwandelt sich in einen Feldweg, auf dem wir das idyllische Nass bald erreichen. Wir vergnügen uns ein wenig im wohltuend weichen Moorwasser, bevor es über Herlazhofen drei Kilometer zurück nach

Nicht immer ist es am Badsee so einsam.

Herbert Gletter, versierter Spezialist für BMW-Klassiker

Leutkirch geht. Der gemütliche Charme des Städtchens fängt uns sofort wieder ein. Bleibt zu hoffen, dass diese beschauliche Atmosphäre auch dann noch bewahrt bleibt, wenn 2013 die Firma Center Park hier eine riesige Freizeit- und Badelandschaft eröffnet.

REISE-INFOS

Allgemeines
Im nördlichen Westallgäu sind die Hügel etwas flacher und die Touristen etwas weniger. Es ist eine urtümliche, bäuerlich geprägte Landschaft, in der viele kleine Seen und Weiher zu einem erfrischenden Bad locken.
***Touristinfo Leutkirch**, Marktstr. 32, 88299 Leutkirch, Tel. 07561/87154,*

Motorradfahren
Hauptsächlich auf kleinen und kleinsten Nebenstraßen, ein kurzes Stück sogar auf einem Feldweg, kurven wir durch die sanft hügelige Landschaft. Die Sträßchen verführen eher zum Bummeln als zu hochgeschwindiger Kurvenhatz.
***Motorradtechnik Gletter**, Wetzelsriedstr. 38, 88260 Argenbühl-Ratzenried, Tel. 07522/28641, www.gletter.de. Spezialist für Umbauten von Zweiventil-Boxer-BMWs.*

Sehenswürdigkeiten & Aktivitäten
***Haus zum Bock**, Am Gänsbühl 9, 88299 Leutkirch,*

Kontakt über Touristinfo. Neben dem umfangreichen Heimatmuseum der Stadt, ist das Haus auch Bühne für verschiedene Kleinkunstaufführungen und die beliebte »Plauderreihe«. ***Talk im Bock**, Infos unter: www.talk-im-bock.de und www.larifari-ev.de*

Essen & Trinken
***Brauerei-Gasthof Mohren**, Wangener Str. 1, 88299 Leutkirch, Tel. 07561/98570, www.brauereigasthofmohren.de. Gleich nebenan werden die köstlichen Härle-Biere gebraut.*

Übernachtung
***Hotel Bayerischer Hof**, Kemptener Str. 53, 88299 Leutkirch, Tel. 07561/3742, www.bayerischer-hof.net. Vor den Toren Leutkirchs, mit Minigolf-Anlage und Kegelbahnen, beim Stadtweiher gelegen.*

Prachtvoller Barock und geheimnisvolle Moore

Umgeben von den beliebten Feriengebieten Allgäu, Schwäbische Alb und Bodenseeregion wird Oberschwaben oft übersehen. Zu Unrecht, wie ich finde. Verschlafene Kurbäder, geheimnisvolle Moore, lustige Rittersleut' und zahlreiche Perlen barocker Baukunst gibt es dort abseits der großen Touristenströme zu entdecken.

Ehemalige Klosteranlage
der Prämonstratenser
in Rot an der Rot

Das verträumte Zentrum von Bad Waldsee mit seinem imposantem Rathaus

Erst spät kommen wir nach dem einmaligen und üppigen Rittergelage im Hotel Arthus aus den Federn und freuen uns, auf der kleinen Nachmittagsrunde etwas frischen Wind um die Nase zu bekommen. Die einfache, ziemlich gerade Strecke von Aulendorf nach Bad Schussenried beansprucht uns dann auch nicht zu sehr, und der erste Stopp nach neun Kilometern kommt gerade recht. Teils witzige, kultige Trinkgefäße aus den vergangenen fünf Jahrhunderten sind im ersten Bierkrugmuseum Deutschlands der Schussenrieder Erlebnisbrauerei zu bewundern. Es riecht nach Hopfen und Malz, dieses durchdringend süßliche Aroma, das den Sudhäusern entweicht. Auf dem weitläufigen Areal der Brauerei finden sich noch viele weitere Attraktionen, darunter natürlich ein zünftiges Bräustüberl. Wir müssen dann schon unsere ganze Willenskraft aufbringen, um nicht in dieser bierseligen Atmosphäre zu versumpfen, bevor wir überhaupt im Moorgebiet angekommen sind. Dahin geht es jetzt weiter, zum Federsee. Er zählt international zu den bedeutendsten Regionen siedlungsarchäologischer Forschung, nirgendwo in Europa liegen derart gut erhaltene Moorsiedlungen aus der Stein- und Bronzezeit so dicht beieinander. Das Federseemuseum in Bad Buchau lässt diese Zeit lebendig werden. Unweit des Ufers ist ein kleines Dorf nach den Funden authentisch aufgebaut worden. Unter

TOUR-CHECK

Start: *Aulendorf*
Ziel: *Aulendorf*
Tourencharakter: *Auf verkehrsarmen Nebensträßchen zu kulturellen Höhepunkten*
Tourenlänge: *130 km*
Kombinierbar mit Touren: *8, 9*
Genussfaktor:
▶ *Fahrerisch:* ★ ★ ★
▶ *Sightseeing:* ★ ★ ★ ★
▶ *Kulinarisch:* ★ ★ ★ ★ ★

Die Erlebnisbrauerei Schussenried, trotz Nüchternheits-Gebot einen Besuch wert ...

dem Titel »Archäologie live« laufen zahlreiche Veranstaltungen. Gemütlich zuckeln wir durch den verschlafenen Kurort Bad Buchau und in einem Bogen um das geheimnisvolle Feuchtgebiet.

Im Zickzack-Kurs geht es über die Dörfer Mittelbiberach, Ingoldingen, Hochdorf, Eberhardzell und Fischbach nach Ochsenhausen. Auf den kleinen Nebenstrecken, meist ohne Mittelstreifen, begegnet uns selten ein Fahrzeug. Mal etwas mehr, mal etwas weniger kurvig verlaufen die Wege über eine sanft hügelige Landschaft und durch beschauliche Dörfer mit der für hier typischen Fachwerkarchitektur. Einige Häuser sind frisch herausgeputzt, bei anderen bröckelt der Putz von der Fassade, dazwischen einige moderne Neubauten. Es ist eine angenehm unaufgeregte, bäuerlich geprägte Gegend, durch die wir hier

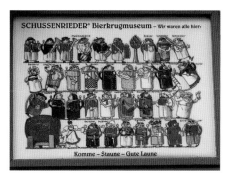

... allein wegen der Sammlung kultiger Trinkgefäße

auf Umwegen ins »Himmelreich des Barock« gleiten. So wird das kleine Städtchen Ochsenhausen, geprägt durch die gewaltige Anlage der ehemaligen Benediktiner-Reichsabtei, gern bezeichnet. Heute beherbergt das weitläufige Konventgebäude neben dem sehenswerten Klostermuseum auch die städtische

---

MEIN TOPTIPP – RITTERKELLER IN AULENDORF

In dem historischen Gewölbe wird ein Kulturerlebnis der besonderen Art serviert. Stimmungsvoll bei Kerzenschein, zwischen Ritterrüstungen und Schwertern, treffen sich Edelleute, Mägde, Knechte, Pfeffersäcke und Vaganten zu »Kurzweyl, Trunk und Gaumenfreuden«. Freitags und samstags kann man sich ab zwei Personen zum Rittermahl anmelden. Eingehüllt in ein amüsantes Rahmenprogramm mit Händewaschung,

Tischgebet, Schandgeige und witzigen Gauklereinlagen gibt es verschiedene deftige und schmackhafte Menüs nach Wahl. Gut, wer es nach ausgiebigem Gelage nicht mehr weit in die Federn hat. Über den alten Gemäuern erwartet Sie im mittelalterlichen Erlebnishotel moderner Komfort im ritterlichen Ambiente.
***Ritterkeller/Hotel Arthus**, Radgasse 1, 88326 Aulendorf, Tel. 07525/922 10, www.ritterkeller.de*

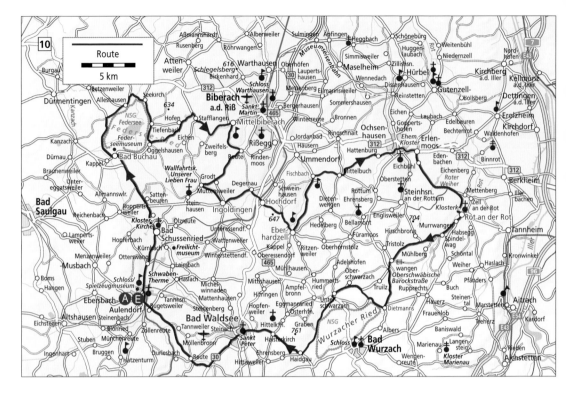

Ausflug in die Steinzeit im Federsee-Museum in Bad Buchau

Galerie im Fruchtkasten und die Landesakademie der musizierenden Jugend in Baden-Württemberg. Zahlreiche Konzerte, Ausstellungen und Veranstaltungen sorgen für den Ruf Ochsenhausens als lebendige Kulturstadt.

Auf der Oberschwäbischen Barockstraße erreichen wir bald das nächste Kleinod aus dieser überreichen Schaffensperiode. Wie in Ochsenhausen waren es auch in Rot an der

Rot Mönche, allerdings hier Prämonstratenser, die der damaligen kirchlichen Macht und Gewalt in prächtigen Gebäuden Ausdruck verliehen. Wir passieren die weitläufige Anlage durch zwei alte Torbögen und verschieben die Besichtigung der sakralen Herrlichkeit auf ein anderes Mal. Entlang eines Bachlaufs zuckeln wir weiter nach Ellwangen und zweigen dort links nach Dietmanns, am Rand des Wurzacher Rieds, ab. Ein geheimnisvoller, mystischer Flair umgibt dieses größte, intakte Hochmoorgebiet Mitteleuropas. Ein besonderes Erlebnis ist es, mit dem schnuckeligen historischen Torfbähnle diese eigenwillige Sumpflandschaft zu erkunden. Von der Straße aus sind deutlich die Strukturen der ehemaligen Felder zu erkennen, auf denen das pflanzliche Zersetzungsprodukt nach dem Zweiten Weltkrieg als Brennstoff gestochen wurde. Weite Blicke über die Oberschwäbische Hügellandschaft begleiten uns auf dem Weg nach Bad Waldsee, malerisch zwischen zwei Seen gelegen. Mein Tipp: Flanieren Sie durch den sehenswerten mittelalterlichen Stadtkern mit seinem markanten hochgiebeligen

Kulturerlebnis der besonderen Art: Rittermahl in schummrigem Gewölbe

Rathaus, und gönnen Sie sich ein Tässchen Kaffee mit Kuchen zwischen den liebevoll gepflegten Fachwerkfassaden.

Ein paar Kurven und 15 Kilometer weiter schließt sich der Kreis unserer Oberschwaben-Tour. In Aulendorf wartet als weiteres kulturelles Programm die Besichtigung des Schlosses mit Kunstwerken des Klassizismus und einem Spielzeugmuseum. Oder lassen wir doch lieber die Seele baumeln in einer der schönsten Badelandschaften Deutschlands, der Schwaben-Therme?

REISE-INFOS

Allgemeines

Sanfte Hügel, dunkle Moorseen, dichte Wälder und eine vielseitige Landwirtschaft prägen die baden-württembergische Region Oberschwaben. Darin eingebettet: liebevoll restaurierte Dörfer und Städte. Mancherorts scheint die Zeit stehen geblieben zu sein, was die Region umso sympathischer macht.
Oberschwaben Tourismus GmbH, Neues Kloster 1, 88427 Bad Schussenried, Tel. 07583/33 10 60, www.oberschwaben-tourismus.de

Motorradfahren

Fast durchgehend bewegen wir uns auf kleinen, verkehrsarmen Nebenstrecken. Entschleunigen Sie, lassen Sie sich ein auf gemütliches und beschauliches Bummeln.

Sehenswürdigkeiten & Aktivitäten

Neues Kloster, 88427 Bad Schussenried, Tel. 0731/502 89 75, www.schloesser-und-gaerten.de. Der lichtdurchflutete, mit einem überwältigenden Deckenfresko ausgestattete Bibliothekssaal des Neuen Klosters in Bad Schussenried bringt selbst Kulturbanausen ins Staunen.
Archäologie erleben im **Federseemuseum** in Bad Buchau, August-Gröber-Platz, 88422 Bad Buchau, Tel. 07582/83 50, www.federseemuseum.de
Wellness genießen in der **Schwaben-Therme**, Ebisweiler Str. 5, 88326 Aulendorf, Tel. 07525/93 50, www.schwaben-therme.de
Schlossmuseum Aulendorf, Hauptstr. 35, 88326 Aulendorf, Tel. 07525/93 42 03, www.schlossmuseum.de. Das Zweigmuseum des Landesmuseums Württemberg zeigt eine umfangreiche Sammlung alter Spielsachen.
Nicht nur für Eisenbahnfreunde ein Vergnügen: eine Fahrt mit der **Öchsle Museums-Schmalspurbahn**, Städtisches Verkehrsamt, Marktplatz 1, 88416 Ochsenhausen, Tel. 07352/92 20 26, www.oechsle-bahn.de

Essen & Trinken

Schussenrieder Erlebnisbrauerei, Wilhelm-Schussen-Str. 12, 88427 Bad Schussenried, Tel. 07583/404 11, www.schussenrieder.de

Übernachtung

Hotel-Restaurant Grüner Baum, Hauptstr. 34, 88339 Bad Waldsee, Tel. 07524/979 00, www.baum-leben.de

*Unterwegs auf beruhigen-
den Sträßchen, wie hier bei
Bad Grönenbach*

Kempten und ein wenig drumherum

Von Kempten aus, der »Hauptstadt« des Allgäus, lädt die kurze Spritztour dazu ein, die Seele im Fahrtwind flattern zu lassen.

Entspannte Kurort-Idylle in Bad Grönenbach

Langsam schieben sich die blattgoldenen Zeiger der Uhr auf dem Rathausturm in High-Noon-Stellung. Aber im Gegensatz zu dem legendären Westernklassiker mit Gary Cooper machen die Leute hier keine Anstalten, den Rathausplatz in Kempten zu räumen. In der angrenzenden Fußgänger-

TOUR-CHECK

Start: Kempten
Ziel: Kempten
Tourencharakter: Ruhige Sträßchen durch liebliche Landschaft mit interessanten Sehenswürdigkeiten
Tourenlänge: 70 km
Kombinierbar mit Touren: 9, 12, 13
Genussfaktor:
▶ *Fahrerisch:* ★ ★ ★
▶ *Sightseeing:* ★ ★ ★ ★ ★
▶ *Kulinarisch:* ★ ★ ★ ★ ★

zone wird geshoppt, gebummelt und flaniert auf Teufel komm raus. Von den sonnigen Logenplätzen der zahlreichen Cafés lässt sich die bunte Szenerie gemütlich beobachten. Vielleicht ist die mediterrane Atmosphäre der Stadt mit auf die alten Römer zurückzuführen, die hier vor über 2000 Jahren ihr Cambodunum erbauten, das zu den bedeutendsten Städten der Provinz Raetien aufstieg. Die Erwähnung durch den griechischen Geografen Strabon um 20 n. Chr. ist das älteste schriftliche Zeugnis für eine deutsche Stadt überhaupt. Für eingefleischte Antikforscher gibt es im Archäologischen Park Cambodunum, auf dem Lindenberg am anderen Ufer der Iller, allerhand Überreste aus dieser Epoche zu untersuchen. Der schöne Blick von hier über Kempten lockt auch historisch weniger Interessierte auf den steilen Hügel. Da wir uns für die heutige Tour nur wenige Kilometer vorgenommen haben, schlendern wir noch ein wenig weiter durch die emsige Metropole des

Ein mediterraner Hauch umweht den Rathausplatz von Kempten.

Urige Atmosphäre im Gromerhof beim Bauernhofmuseum Illerbeuren

Beide historischen Viertel lohnen weitere Erkundung. Allein in der weitläufigen Anlage der kirchlichen Macht, mit Prunkräumen, Hofgarten, Orangerie und der monumentalen St.-Lorenz-Basilika könnte man einen kurzweiligen Nachmittag verbringen. Mein Tipp: Besuchen Sie die Stadt einfach öfter. Bei den nächsten zwei Touren im Buch sind Sie nur einen Katzensprung entfernt.

»Stadtluft macht frei«, besagt ein Gesetz aus dem Mittelalter. Für den Freizeitmotorradler der modernen Welt liegt die Freiheit aber auch in den Weiten der Landluft, die wir jetzt finden wollen. Entlang des wasserreichen Laufs der Iller verlassen wir Kempten nach Norden. Nach Hirschdorf überqueren wir den Fluss, halten uns zuerst Richtung Dietmannsried und weiter nach Bad Grönenbach. Leicht geschwungene Straßen, rechts und links davon nichts als grüne Wiesen: gefährlich verlockend, Gas zu geben. Das Ortsschild von Bad Grönenbach gebietet dann den schnellen Gedanken wieder Einhalt. In exponierter Lage thront das Hohe Schloss auf einem großen Nagelfluhfelsen über dem geruhsamen Kurort. In den fürstlichen Gemäuern werden regelmäßig verschiedene Konzerte und Ausstellungen veranstaltet. Wir schlendern ein wenig durch den über 4000 Quadratmeter großen

Allgäus. Fast 600 Jahre in ihrer langen Geschichte war sie gespalten. Die bürgerliche, freie Reichsstadt und die fürstäbtlich regierte Stiftsstadt lebten bis 1818 im feindlich gesinnten Nebeneinander. In fünf Minuten spaziert man vom Zentrum der einen, dem Rathaus, zum Zentrum der anderen, der Residenz.

Jede Menge Kräuter gibt es im Kreislehrgarten in Bad Grönenbach.

Kreislehrgarten, der neben dem Schloss angelegt ist. Prächtig gedeihen darin tausenderlei Kräuter, Wild- und Blütenstauden neben manch anderen Gewächsen. Bei Führungen und in Vorträgen erfahren Interessierte jede Menge Hilfreiches über Wirkung, Anwendung und Zubereitung von Kräutern. Zwar gilt Bad Wörishofen als Zentrum der Heilmethode Sebastian Kneipps, aber auch Bad Grönenbach verdankt dem legendären Wasserdoktor sein blühendes Kurwesen. Als junger Bursche lernte er hier in den Jahren 1842/43 die

Entführt in vergangene Zeiten: das Bauernhofmuseum Illerbeuren

MEIN TOPTIPP – BAUERNHOFMUSEUM ILLERBEUREN

Im ersten Freilichtmuseum Süddeutschlands wird in über 30 eingerichteten Gebäuden ländliches Leben aus vier Jahrhunderten veranschaulicht. Schmiede, Wagnerei, Hafnerei, Lagerhäuser, Wasserpumpstation und Kapelle ergänzen das heimatgepflegte Ensemble der Bauerngärten und Bauernhäuser unterschiedlichster Bauweise – zusammengetragen aus dem gesamten Allgäuer und schwäbischen Raum. Thematische Ausstellungen, eine große Abteilung für Landtechnik und nicht zuletzt der schmucke Gromerhof mit gemütlichem Biergarten unter schattigen Kastanien gleich neben dem Museum bereichern den Besuch. Kosten Sie Allgäuer Schmankerl wie Hochzeitssuppe und »Versoffene Jungfern«. Verschiedene Veranstaltungen, von der Mundartdichtung bis zum Leonhardiritt, füllen darüber hinaus das Museumsdorf mit Leben.

Schwäbisches Bauernhofmuseum*, Museumsstr. 8, 87759 Kronburg-Illerbeuren, Tel. 08394/14 55, www.bauernhofmuseum.de*

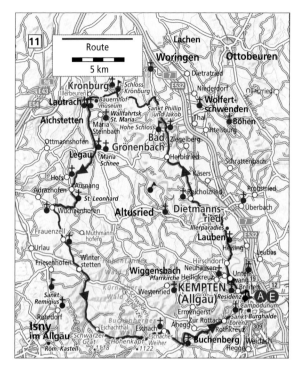

Mein Tipp: Genießen Sie im Ort die experimentierfreudige, gehobene Küche der Badischen Weinstube.

Nur wenige Kilometer entfernt wartet mit Schloss Kronburg ein weiterer Höhepunkt dieser Tour. Baronin Ulrike von Vequel-Westernach und Theodor Freiherr von Vequel-Westernach haben aus ihrem stolz über dem Illerwinkel thronenden Familiensitz ein kleines Wirtschaftsunternehmen entwickelt, von der Baronin scherzhaft »Gemischtwarenladen« genannt. Land- und Forstwirtschaft sind darin ebenso enthalten wie ein 4-Sterne-Gästehaus oder die Aufführung von Konzerten. Durch die mit Originalmöbeln aus dem Rokoko bis zum Biedermeier eingerichteten Räumlichkeiten des Schlossmuseums führen uns die Herrschaften persönlich. Wiederum nur einige Kilometer weiter, in Illerbeuren, erwartet uns die nächste Sehenswürdigkeit: Im Schwäbischen Bauernhofmuseum wird die ländliche Lebensweise aus vier Jahrhunderten lebendig.

Grundlagen der Pflanzenheilkunde vom Ortspfarrer und Botaniker Christoph Ludwig Koeberlin. Der adrette Marktplatz mit dem hübschen Rathaus liegt zu Füßen der sehenswerten Stiftskirche St. Philippus und Jakobus.

Auf dem Rückweg nach Kempten schwingen wir uns genüsslich über hügelige, schmale Sträßchen durch die sattgrüne Unterallgäuer Landschaft. Intensiv weht von einer frisch gedüngten Wiese eine kräftige Brise Landluft um unsere Nasen. Ist das der Duft der

Auf den kleinen Nebenstrecken ist die Wegweisung nicht immer klar zu erkennen.

großen Freiheit? Über die kleinen Bauernweiler Muthmannshofen und Frauenzell gelangen wir ins enge Eschachtal, unterhalb der bewaldeten, über 1100 Meter hohen Erhebungen Schwarzer Grat und Hohenkapf gelegen. Durch ein besonderes meteorologisches Phänomen liegen hier die Temperaturen immer um einige Grad höher als in der umliegenden Gegend. Zwei Serpentinen bringen uns bald wieder aus dem Tal hinaus, und es öffnet sich ein weiter Blick über die bucklige Landschaft. Bei Föhnwetter scheinen die Alpen zum Greifen nah. In einer Mulde liegt etwas unterhalb der Straße der Eschacher Weiher. Nur zehn Kilometer vor den Toren Kemptens, erfreut sich der idyllische Stausee großer Beliebtheit. Nachdem die Sonne ihre wärmenden Strahlen für heute schon eingepackt hat, verzichten wir auf den Badespaß und stürzen uns ins Kemptener Nachtleben.

Links: Das Örtchen Kronburg mit dem Schloss der Familie von Vequel-Westernach

Rechts: Friedlich schaut die Kuh da zu.

REISE-INFOS

Allgemeines

Kempten, mit 65 000 Einwohnern größte Stadt des Allgäus, ist nicht nur die wirtschaftliche und kulturelle Metropole, sondern auch das geografische Zentrum. Südlich von ihr spricht man vom Oberallgäu, nördlich vom Unterallgäu. Dort, wo die Sonne untergeht, beginnt das Westallgäu, konsequenterweise heißt es in entgegengesetzter Richtung Ostallgäu. Komplizierend kommt hinzu, dass in ein württembergisches und ein bayerisches Allgäu unterschieden wird, deren Grenzen sich nicht mit der ersten Einteilung decken. Aber eigentlich ganz egal, schön ist es hier überall.
Tourist Information, *Rathausplatz 24, 87435 Kempten, Tel. 0831/194 33, www.kempten.de*

Motorradfahren

Gemütliche Kurven, sanfte Hügel, herrliche Ausblicke, wenig Verkehr, was will der Biker mehr. Ohne Besichtigungsprogramm ist es eine knapp zweistündige Spritztour zum Durchlüften.

Sehenswürdigkeiten & Aktivitäten

Allgäu-Museum Kempten, *Großer Kornhausplatz 1, 87439 Kempten, Tel. 0831/540 21 20,*
www.allgaeu-museum.de. Nicht nur bei Schlechtwetter einen Besuch wert. Darin u.a. zu sehen: das leichteste und billigste Motorrad seiner Zeit, eine Geha, Baujahr 1926.
Weitere interessante Museen in der Allgäuer Kulturmetropole unter: www.museen-kempten.de
Schlossmuseum Kronburg, *87758 Kronburg, Tel. 08394/271, www.schloss-kronburg.de*

Essen & Trinken

New Lobby, *Klostersteige 15, 87435 Kempten, Tel. 0831/520 44 53, www.die-lobby.com. Preiswertes Restaurant sowie Café, Club und Bar in einem.*
Landgasthof Illerparadies, *Hinwang 2, 87493 Lauben, Tel. 08374/74 77. Schöner Biergarten mit nostalgisch anmutendem Kinderrummel.*
Badische Weinstube, *Marktplatz 8, 87730 Bad Grönenbach, Tel. 08334/25 97 25, www.badische.com. Gaumenfreuden für Feinschmecker.*

Übernachtung

Unter www.hotel-kempten.de gibt es einen vollständigen Überblick über die verschiedenen Hotels der Stadt.

Bei Föhn scheint die Alpen-kette zum Greifen nah, wie hier bei Rechtis.

Allgäuer-Herz-Tour

Das hügelige Voralpenland im Herzen des Allgäus zählt zweifelsfrei mit zu den schönsten Bikerregionen Deutschlands.

Motorradfahrer sind im Landhotel Adler in Martinszell herzlich willkommen.

Herzlich ist die Begrüßung im Landhotel Adler in Martinszell. Die Chefin des Hauses, Frau Platz, ist selbst begeisterte Motorradfahrerin und empfängt uns mit einem »Lätsch« als Willkommenstrunk. Lätsch, so nennt man im Allgäu die schnell und auf-

schäumend eingeschenkte Halbe Bier, die andernorts auch als Schnitt oder Pfiff bekannt ist. Frisch und süffig schmeckt der Gerstensaft aus der nahen Privatbrauerei in Rettenberg (siehe auch Tour 4), den wir im Lauf des weiteren Abends bei einem köstlichen Essen noch ausgiebiger genießen werden. Wir können ja morgen ausschlafen, nichts treibt zur Eile. So sitzen wir am nächsten Tag dann auch ausgiebig beim Frühstück auf der sonnigen Hotelterrasse, bevor wir die Motoren starten und das ruhige, verschlafene Dörfchen an den buckligen Talhängen der Iller verlassen.

Wir überqueren den von den letzten Regenfällen angeschwollenen Fluss und schlängeln uns entgegen seiner Laufrichtung nach Süden. Alsbald entfernen wir uns etwas von seinen Ufern, biegen in Freidorf nach Untermaiselstein ab. Unter der teilweise vierspurig ausgebauten B 19 hindurch gelangen wir nach Immenstadt. Ihren Ruf als »Drehscheibe des Allgäus« bestätigt hoher, teils stockender

TOUR-CHECK

Start: Martinszell
Ziel: Martinszell
Tourencharakter: Kurze Genusstour mit vielen tollen Kurven und Aussichten
Tourenlänge: 105 km
Kombinierbar mit Touren: 4, 11, 13, 15, 17, 19
Genussfaktor:
▶ *Fahrerisch:* ★ ★ ★ ★ ★
▶ *Sightseeing:* ★ ★ ★
▶ *Kulinarisch:* ★ ★ ★ ★

*Malerisch einge-
bettet: der Alpsee
bei Immenstadt*

Verkehr. In der Hochsaison kann sich die Drehscheibe schon mal zum Nadelöhr wandeln.
Auf den ersten Blick wirkt die lang gestreckte
Stadt nicht sehr einladend. Der zweite, während eines kurzen Spaziergangs über lauschi-
ge Plätze, vorbei an alten, farbenfroh strahlen-
den Fassaden und zahlreichen Skulpturen,
belehrt uns eines Besseren. Doch die eigentli-
che Attraktion findet sich vor den Toren der
Stadt. Malerisch liegt dort, von steil ansteigen-

Kuh mal anders

MEIN TOPTIPP – NATURERLEBNIS EISTOBEL

*Gute zwei Stunden sollte man sich für dieses impo-
sante Stück Natur schon Zeit nehmen. Als Tobel be-
zeichnen die Allgäuer im Allgemeinen eine enge, von
einem Bach durchflossene Schlucht. Der Name Eistobel leitet sich von den bizarren Eisbildungen im Winter
ab. Doch auch zur Motorrad-Saison ist ein Spaziergang zwischen den gewaltigen Felswänden und oft
skurril geformtem Nagelfluhgestein zu rauschenden
Wasserfällen eine empfehlenswerte Abwechslung
zum Biken. Eine Besonderheit des Eistobels sind die
zahlreichen Strudellöcher und Kolke. Entstanden sind
sie durch die beständige Kraft des Wassers, das über
Jahrtausende weichere Erdschichten aus Sandstein
oder Mergel abgetragen hat. Manche dieser Strudel-
töpfe weisen heute eine Wassertiefe von mehr als
fünf Metern auf. Achtung: Baden verboten! Das flüs-*
*sige Element arbeitet immer noch emsig an dem
Kunstwerk, und es herrschen gefährliche Unterströ-
mungen. Der Eistobel hat es aber auch an Land, oder
besser gesagt auf Stein, in sich. Einige Abschnitte
gleichen einer Mittelgebirgswanderung mit alpinem
Einschlag. Bei Nässe kann es an manchen Stellen rut-
schig werden, entsprechendes Schuhprofil ist von Vor-
teil. Der Haupteingang befindet sich direkt an der
Straße, etwas südlich von Maierhöfen. Im Info-Pavillon
erfährt man viel Interessantes über Geologie, Flora
und Fauna des Eistobels. Am Eingang des Schütten-
tobels finden wir ein Drehkreuz, hoffentlich haben Sie
genügend Kleingeld – der Automat wechselt nicht.
Weitere Infos beim **Gästeamt Maierhöfen**, Brunnen-
weg 2, 88167 Maierhöfen, Tel. 08383/980 40,
www.vg-argental.de und www.eistobel.de*

Weite Blicke ins Allgäuer-Land bei Diepolz

den Bergwiesen umgeben, der Alpsee im Tal der Konstanzer Ach, eine weite, dunkelblaue Plattform für Segler, Surfer und Tretbootfahrer. Etwas abgehärtete Naturen können sich in seinen kühlen Fluten erfrischen. Eher zur Warmduscher-Fraktion zählend, kratzen wir die ansteigenden Kurven Richtung Missen.

Fahrgenuss vom Feinsten, wäre nicht die wunderschöne Bilderbuchlandschaft, die die Konzentration von der Fahrbahn ablenkt. Um kein Risiko einzugehen, bleibt nur: anhalten und sich sattsehen.

Sattessen lässt es sich in mehrfach ausgezeichneter Weise im Brauereigasthof Schäff-

Traditionsreiches Gasthaus in Missen

lerbräu in Missen. In der liebevoll dekorierten Gaststube mit Mini-Schaubrauerei und Schaubrennerei werden bierhaltige Schmankerl wie der Missener Krustenbraten serviert. Mit einer Kostprobe des selbst gebrauten Gerstensaftes als spritzigem Lätsch bleibt man bestimmt unter der Promillegrenze, und ein Fläschchen des behutsam destillierten Bierbrandes wandert gut eingepackt ins Topcase.

Das kleine Hirnbein-Museum im Ort hält die Erinnerung an Carl Hirnbein (1807–1871) wach, der in der Schwestergemeinde Wilhams geboren wurde. Er war es, der die Käseherstellung im Allgäu einführte und förderte und deren steile Karriere hier begann.

Bestens gestärkt und versorgt, führt uns ein mittelstreifenloses Sträßchen gleich hinter Missen rechts bergan nach Diepolz. Nicht nur des anschaulichen und lebendigen Bergbauernmuseums wegen lohnt sich diese Strecke in das höchstgelegene Pfarrdorf Deutschlands. Denn hier erfüllt sich das beliebte Motto vom zum Ziel werdenden Weg. Geschmeidige Kurven mit alpinem Panorama – wem da nicht das Herz aufgeht! Von dem lichten Höhenrücken schwingen wir uns stellenweise steil hinab, vor uns das ruhige, dunkle Wasser des Niedersonthofener Sees. Wir verzichten abermals auf ein kühles Bad, zweigen schon ein Stück vor seinem hügeligen, teilweise bewaldeten Ufer auf ein einspuriges

Sträßchen nach Linsen ab. Saftig grünes Allgäu, wie es im Buche steht. Bevor Mitte des 19. Jahrhunderts die Milchwirtschaft vorrangig wurde und dem Allgäu einen komplett neuen Anstrich verlieh, zeigte sich das Allgäu im blauen Kleid blühender Flachsfelder. Erst die Einführung der industriellen Baumwollverarbeitung führte zum drastischen Strukturwandel und machte das Allgäu zum berühmten »Käsländle«.

Aussichtsreich geht es auf unserer Route weiter. Wir unterqueren zweimal die hektische B 12 und hangeln uns über Weitnau nach Schüttentobel. Hier findet sich einer der zwei Zugänge zur wildromantischen

Fernab aller Hektik gemütlich durch die beschauliche Weidelandschaft gleiten

Farbenprächtiger Herbst am Hengelesweiher

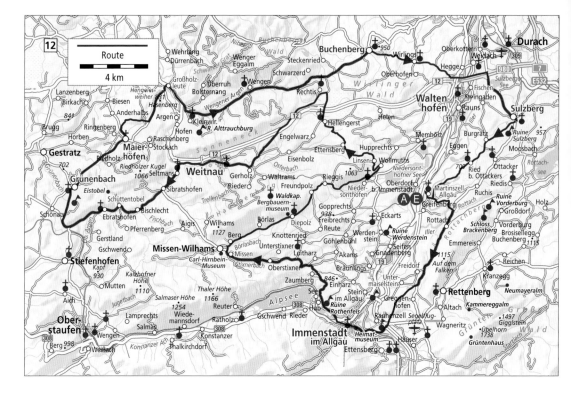

Schluchtlandschaft des Eistobels. Auf dem Weg über Grünenbach nach Maierhöfen kommen wir knapp zehn Kilometer weiter an der Argentobelbrücke zum anderen, gebräuchlicheren Eingang mit Info-Pavillon. Hinter Mai-

erhöfen geht es rechts nach Grossholzleute, vorbei am kleinen, idyllischen Hengelesweiher. Die kleinste und wohl wärmste Badegelegenheit der heutigen Tour wurde schon 1551 in den Annalen der Stadt Isny erwähnt. Ent-

Steile Schussfahrt hinab zum Niedersonthofener See

lang des Bächleins Wengener Argen geht es weiter, in Buchenberg blinken wir rechts und rollen abwärts nach Waltenhofen. An diesem Verkehrsknoten fährt man am besten kurz auf die A 980 bis zur nächsten Ausfahrt Fischen. Alle anderen Variationen, über oder unter dem Waltenhofener Kreuz von B 12 und B 19 die Bahntrasse und die Iller zu queren, sind komplizierter und, so wie es aussieht, durch länger anhaltende Bauarbeiten behindert. So geht's eben ausnahmsweise mal zwei Kilometer auf die Autobahn. In Richtung Sulzberg sind wir dann schon wieder, wie gewohnt, auf beschaulichen Pfaden durch die dauergewellte Hügellandschaft unterwegs. Die rot glühend untergehende Sonne verleiht der harmonischen Gegend noch zusätzlich einen idealisierenden Hauch von Heimatfilm-Romantik. Auf der Burgruine in Sulzberg sitzt man sozusagen in der ersten Reihe bei dieser herzzerreißend schönen Vorstellung. Und wie es so heißt, wenn's am schönsten ist, soll man gehen. Also brechen auch wir jetzt auf, um uns auf den letzten paar Kilometern nicht

noch in stockdunkler Nacht auf den unbeleuchteten, wenig beschilderten Wegen zu verfahren, und kehren so gemütlich über die Drei-Seelen-Dörfer Burgratz und Ried zu unserem Ausgangspunkt zurück.

Das Gasthausschild in Großholzleute weist auf die einstige österreichische Herrschaft hin.

REISE-INFOS

Allgemeines

Buckliges Grünland, tiefgründige Seen, wogende Wälder und malerische Ortschaften vor alpinem Panorama: das Allgäu wie aus dem Bilderbuch. Die Tour führt uns auf über 1000 Meter und einige Kilometer vom Bayerischen ins Württembergische.
Gästeinformation Waltenhofen, *Rathausstr. 4, 87448 Waltenhofen, Tel. 08303/790, www.waltenhofen.de*

Motorradfahren

Meist geht es auf verträumten Sträßchen kurvig durch die hügelige Voralpenlandschaft. Verschiedene Abschnitte der Tour erlauben wegen der Beschaffenheit des Weges nur gemütliches Motorradwandern.
MAHA GmbH, *Zum Badeplatz 2, 87448 Niedersonthofen, Tel. 08379/296, www.maha-gmbh.de. Größter Ducati- und Moto-Guzzi-Vertragshändler im Allgäu.*

Sehenswürdigkeiten & Aktivitäten

Allgäuer Bergbauernmuseum Diepolz, *Diepolz 44,*

87509 Immenstadt im Allgäu, Tel. 08320/70 96 70, www.immenstadt.de
Burgruine Sulzberg, *87477 Sulzberg. Der Bergfried mit dem kleinen Museum ist jeden Sonn- und Feiertag von 13.30–16.30 Uhr geöffnet.*

Essen & Trinken

Brauerei und Gasthof Schäfflerbräu, *Hauptstr. 15, 87547 Missen, Tel. 08320/920 15, www.schaeffler-braeu.de. Traditionsreicher, ausgezeichneter Brauereigasthof.*
Gasthof-Pension Seerose, *Burgratzer Str. 4, 87477 Sulzberg, Tel. 08376/287, www.seerose-sulzberg.de. Reichhaltige Speisekarte mit preiswerten Gerichten, im Ortsteil Öschle beim Sulzberger See gelegen.*

Übernachtung

Landhotel Adler, *Illerstr. 10, 87448 Martinszell, Tel. 08379/920700, www.adler-martinszell.de. Ausgezeichnetes und gemütliches Traditionsgasthaus mit speziellem Bikerservice.*

Blick vom Oberjoch
ins Tal der Ostrach

Allgäuer-Klassikrunde

Auf dieser gemütlichen Rundtour schwingen wir uns über den aussichtsreichen Oberjochpass durch malerische Flusstäler bis an den Rand des moorigen Naturschutzgebietes Teufelsküche im Kempter Wald.

Kurvenkratzen am Rand zur Teufels Küche

Wie im Zeitraffer zieht an meinem weitwinkligen Kameraauge die typische Allgäuer Grünlandschaft vorbei. Vom Soziussitz meines Freundes Jürgen versuche ich die malerischen Buckelwelten auf den Speicherchip meiner Kamera zu bannen. Mein Gehirn hat sich noch nicht auf die ungewohnte Optik während rasanter Fahrt eingestellt, und es braucht eini-

TOUR-CHECK

Start: *Im Ort Wald*
Ziel: *Wald*
Tourencharakter: *Gemütliche Berg-und-Tal-Tour*
Tourenlänge: *100 km*
Kombinierbar mit Touren: *4, 5, 11, 12*
Genussfaktor:
▶ *Fahrerisch:* ★ ★ ★ ★
▶ *Sightseeing:* ★ ★ ★
▶ *Kulinarisch:* ★ ★ ★

ge Versuche, bis ein zufriedenstellendes Ergebnis im Kasten ist. Es macht ja auch Spaß, auf den geschmeidig geschwungenen Kurven hin und her zu brettern. Von Mal zu Mal wird der Straßenverlauf vertrauter, und Jürgen spitzt den Schräglagenwinkel immer weiter zu. Da muss man schon aufpassen, nicht in Teufels Küche zu kommen. Das so anrüchig benannte sumpfige Naturschutzgebiet im südlichen Kempter Wald streifen wir nur kurze Zeit später.

Nach dem Örtchen Bodelsberg geht es für ein paar Hundert Meter auf die B 309 Richtung Kempten, bevor wir nach links zum Rottachsee abbiegen. Mehrere Badestellen locken zum feuchtfröhlichen Vergnügen. Wir begnügen uns mit den schönen Ausblicken auf das kühle Nass und umkurven es in einem engen Bogen. Nach Unterqueren der A 7 folgen wir der Autobahn auf der parallel laufenden Bundesstraße ein Stück nach rechts. Am Kreisverkehr halten wir uns an die Schilder nach Oy-Mittelberg, kommen auf eine Überführung und kreuzen abermals die Autobahn, übri-

Unterwegs zwischen den Örtchen Holz und Wald

Umgesattelt. Auch diese Wiederkäuer findet man im Allgäu.

gens die längste in Deutschland – von Ellund an der dänischen Grenze bis Füssen. Früher kam es in vielen Gemeinden der Region öfter zu nervigen Staus. Seitdem die letzte Lücke der vierspurigen Verkehrsader mit der Talbrücke bei Enzenstetten 2009 geschlossen wurde, hat sich die Verkehrssituation wesentlich verbessert. Gemütlich tuckern wir durch die beschaulichen Örtchen und weiter auf einer ruhigen Nebenstrecke über Faistenoy nach Wertach. Hier schwenken wir auf die Deutsche Alpenstraße ein. Bereits 1927 hatte der Sanitätsrat Dr. Knorz die Vision von einer durchgehenden Verbindung durch die bayerischen Alpen von Lindau bis Berchtesgaden,

MEIN TOPTIPP – KAMELFARM IN HACK

Warum nicht mal die Motorradsitzbank mit dem Sattel zwischen den Höckern eines Kamels tauschen? Eine Gelegenheit, auf diese etwas exotische Art das Allgäu zu erkunden, bietet sich in dem kleinen Weiler Hack. Am schnellsten zu erreichen über die Autobahnausfahrt Nesselwang, weiter Richtung Seeg; der Weg zur Kamelfarm ist dann gut ausgeschildert. Halbtagestouren durch die malerische Kulisse der Allgäuer Voralpen werden für Gruppen angeboten. Je nach Geschmack wird das außergewöhnliche Erlebnis bei einem Picknick mit bayerischer Brotzeit oder mit

Bauchtanz und Wasserpfeife im Orientzelt abgerundet. Eine Voranmeldung ist natürlich notwendig. An die 30 Kamele und Dromedare stehen heute in Christine Siebers Stall. Aus ihrer Leidenschaft für die drollig dreinschauenden Paarhufer hat sich ein kleines, florierendes Unternehmen entwickelt. Neben den Ausritten, den Eintrittsgeldern für den Streichelzoo und bei Veranstaltungen auf Mittelalter-Festivals verdient sie ihr Geld heute hauptsächlich mit der Zucht der Tiere. *Kamelfarm Allgäu*, Hack, 87637 Seeg, Tel. 08369/9106 40, www.rent-a-camel.de

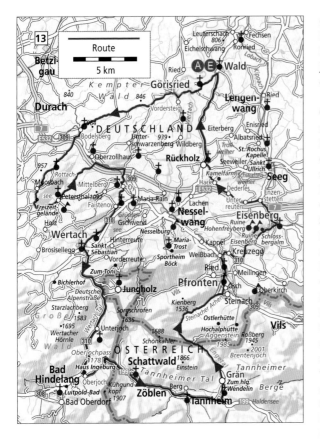

Aussichtsreicher Boxenstopp am Oberjoch

respektive vom Bodensee zum Königssee. In den 1930er-Jahren wurde dann weitestgehend die heutige Streckenführung bestimmt und ausgebaut. Auf unseren Allgäu-Touren bewegen wir uns immer wieder mal auf der 450 Kilometer langen Traumstraße. Jetzt folgen wir ihr durch das reizvolle Tal der Wertach. In Oberjoch trennen wir uns von der alten Ferienstraße, biegen nach links zum Oberjochpass (1178 m) auf die höchstgelegene deutsche Bundesstraße ein. Bereits zwischen 1540 und 1550 wurde dieser Weg vom Tal der Ostrach in jenes der Vils, genannt Tannheimer Tal, angelegt. Einmal im Jahr werden in Erinnerung an die legendären Bergrennen das »Jochpass-Oldtimer-Memorial« und die »Oberallgäu-Historic-Rallye« veranstaltet. Vom Parkplatz auf dem Scheitelpunkt bietet sich ein herrlicher Blick über samtgrüne Matten zwischen stämmigen Fichten hinab nach Bad Hindelang, vor alpinem Panorama. Hier am nördlichen Rand der Allgäuer Alpen sind die Berge noch nicht so hoch aufgeschossen, zeigen nur an wenigen Stellen ihren nackten Fels. Über ein nahezu unmerkliches Gefälle rollen wir nach Tirol. Wer denkt noch an die Schillinge und die für uns Motorradfahrer besonders lästigen Ausweiskontrollen? Nostalgische Reiseerinnerungen, die im zusammenwachsenden Europa schön langsam verblassen. Nur zur Auffrischung des Gedächtnisses: Seit April 1998 sind die Grenzen zwischen Deutschland und Österreich offen. Da ist die Bargeldeinführung des Euro am 1. Januar 2002 wesentlich präsenter.

In Grän geht's von dem aus Tour 4 bekannten Tannheimer Tal nach rechts zurück nach Deutschland. Malerisch schlängelt sich die Straße entlang der Steinacher Ache, majestätisch flankiert von den markanten Gipfeln des Aggenstein und des Brentenjoch. Sie gehören zum Massiv der Tannheimer Berge und sind eine Untergruppe der Allgäuer Alpen. Zu deren Füßen liegt Pfronten, sanft eingebettet in grüne Wiesen. Die Gemeinde besteht aus 13, zum Teil zusammengewachsenen Dörfern, die alle stark vom Tourismus geprägt sind. Im Vorbeifahren werfen wir einen Blick auf die zahlreichen Gaststätten, Hotels und Geschäfte und halten uns Richtung Eisenberg. Schon in der Ortschaft davor, in Zell, fahren wir vorbei an der Kirche hinauf zur Schlossbergalm. Von der Terrasse aus genießen wir bequem bei Kaffee und Kuchen die traumhafte Alpenkulisse. Auf dem unscheinbaren Höhenrücken hinter dem Gasthaus thronen gleich zwei Ru-

Blick auf die 13-Dörfer Gemeinde Pfronten

inen mittelalterlicher Wehranlagen, die Burgen Eisenberg und Hohenfreyberg, beide in einer Viertelstunde zu Fuß erreichbar.

Wir wollen jedoch weiter nach Hack, haben dort eine Verabredung der ganz besonderen Art. Mitten im Allgäu warten einige Kamele zum Ausritt, und das sollte man sich doch nicht entgehen lassen. Zur Kamelfarm geht es dann über Eisenberg, Enzenstetten und auf einem engen Sträßchen parallel zur Autobahn über Unterreuten und Dederles. Nach einem amüsanten Trip auf dem wackligen »Wüstenschiff« geht es auf dem gewohnten Fortbewegungsmittel weiter. Mitten in Wald (nicht im Wald) verabschiede ich mich für diesmal von Ihnen. Hier schließt sich die Runde der Tour – ein Stück vor der Teufelsküche, in die ja keiner gern gerät.

REISE-INFOS

Allgemeines

Eine abwechslungsreiche Kombination der das Allgäu bestimmenden Topografie erfahren wir auf dieser Tour von den nördlichen Ausläufern der Allgäuer Alpen durch traumhafte Tallandschaften ins moränenhügelige Voralpenland. Dabei durchstreifen wir noch eine kleine Ecke Tirols.
Pfronten Tourismus, Vilstalstr. 2, 87459 Pfronten-Ried, Tel. 08363/698 88, www.pfronten.de

Motorradfahren

Auf meist gut ausgebauten Straßen geht's durch eher sanft geschwungene Kurven, dabei steht der Landschaftsgenuss im Vordergrund.
Erwin Martin GmbH, Hauptstr. 9, 87466 Oy-Mittelberg, Tel. 08366/98 88 11, www.motorrad-martin.de. BMW-Vertragshändler.

Sehenswürdigkeiten & Aktivitäten

Von herrlichem Rundblick gekrönter Spaziergang zu den Burgruinen Eisenberg und Hohenfreyberg oder lieber ein erfrischendes Bad im Rottachsee? Fans von altem Eisen sollten das jährliche »Jochpass-Oldtimer-Memorial« und die »Oberallgäu-Historic-Rallye« nicht verpassen. Mehr Infos zur Veteranen-Veranstaltung unter: www.jochpass.com

Essen & Trinken

Schlossbergalm, Burgweg 50, 87637 Eisenberg-Zell, Tel. 08363/17 48, www.schlossbergalm.de. Schöner Panoramablick von der beliebten Ausflugswirtschaft.

Übernachtung

Bikerhotel Hochpasshaus am Iseler, Iselerstr. 8, 87541 Oberjoch, Tel. 08324/93 37 60, www.hochpasshaus.de
Gästehaus Memersch, Memersch 2 ½, 87466 Oy-Memersch, Tel. 08376/92 93 56, www.gaestehaus-memersch.de. Preiswert und bikerfreundlich.

Lechbrücke in
Weißenbach

Lechtal – immer am Fluss entlang

Die zweite Hälfte unserer spannenden Erkundungstour am Lech entlang bringt uns von Füssen in die karge, wildromantische Landschaft seines Quellgebirges in Vorarlberg.

Der Lechfall bei Füssen mit einer Büste von König Maximilan II.

Nachdem wir uns schon in Tour 1 am Lauf des Lechs orientiert haben, wollen wir nun zur Quelle des 263 Kilometer langen Donauzuflusses. Wir starten südlich von Füssen am Lechfall, nahe der österreichischen Grenze. Vom Parkplatz an der Bundesstraße bietet sich ein schöner Blick auf den Fluss, der sich in einer Kaskade über vier Stufen zwölf Meter tosend in die Tiefe stürzt. Darüber wacht, in einer Nische der senkrecht abfallenden Felswand, eine Büste Maximilians II., dem Vater des legendenumrankten

Märchenkönigs Ludwig II. Wir schlängeln uns dann weiter am Fluss entlang und gelangen auf einem kleinen, ruhigen Sträßchen über die Orte Pinswang und Pflach in das lebhafte Städtchen Reutte. Wir bleiben auf der rechten Flussseite und lassen bald den etwas hektischen Stadtverkehr hinter uns. Kleine Schotterwege erlauben uns einen Abstecher in das weite, steinige, von Kiesbänken durchzogene Flussbett. Rund geschliffen und reglos liegen die Kieselsteine am Strand. Zu »Rolling Stones« werden sie erst bei Hochwasser oder zur Schneeschmelze.

Vor Weißenbach überqueren wir den Lech, setzen unseren Blinker links und folgen der gut ausgebauten B 198 durch das breite Lechtal. Malerisch wird es zu unserer Linken von den Lechtaler Alpen und rechts von den Allgäuer Alpen eingerahmt. In diese unternehmen wir in Stanzach entlang des wild rauschenden Hornbachs einen Abstecher. Das häufig geflickte Sträßchen wird immer schmaler, gewinnt nur langsam an Höhe. In tiefen, engen Schluchten plätschert das Wasser dem Lech entgegen. Von einer Holzbohlenbrücke aus bewundern wir diese schroff modellierte Landschaft, die ein kurzes Stück weiter nur noch für Wanderer zugängig ist. Wir kehren

TOUR-CHECK
Start: *Füssen*
Ziel: *Lech*
Tourencharakter: *Mal mehr, mal weniger breite Straßen durch die bezaubernde Alpenlandschaft*
Tourenlänge: *120 km*
Kombinierbar mit Touren: *1, 3, 4, 18*
Genussfaktor:
▶ Fahrerisch: ★ ★ ★ ★
▶ Sightseeing: ★ ★ ★
▶ Kulinarisch: ★ ★ ★

Breit ausgeschürftes Lechtal bei Hägerau

zurück zum Lech, um einige Kilometer später zu einem neuen Exkurs, diesmal in die Lechtaler Alpen, abzubiegen.

Über ein paar Serpentinen schrauben wir uns über den Grund des v-förmig eingeschnittenen Gramaiser Tals. Windungsreich bringt uns die gut ausgebaute Straße nach Gramais, der kleinsten eigenständigen Gemeinde Österreichs. Vor einmaliger Bergkulisse sitzen wir in der gemütlichen Gaststube der »Alpenrose«, als plötzlich geschäftige Aufregung das Personal ergreift. Auf seiner Tirol-Rundreise stattet der österreichische Bundespräsident Heinz Fischer dem Bergdorf gerade einen Besuch ab. Er steht mit einigen Sicherheits- und Presseleuten im Gasthof und schüttelt fleißig

Bei der Schneeschmelze heißt es für die Kiesbänke Land unter.

MEIN TOPTIPP – LECHQUELLENGEBIRGE

Das einspurige Mautsträßchen ist zwar von 8 bis 16.30 Uhr für den öffentlichen Verkehr gesperrt (halbstündlich sind Wanderbusse im Einsatz), aber in den Sommermonaten bleibt danach immer noch genügend Zeit, das Lechquellgebiet mit dem Motorrad zu erkunden. Der Weg schlängelt sich durch eine raue, karge, von Steinbrocken übersäte Almenlandschaft, die ein wenig an das südamerikanische Patagonien erinnert. Nach einigen Kilometern gabelt sich die Straße, und ein Abzweig führt zum 1794 Meter hoch gelegenen Formarinsee, in dessen Nähe der gleichnamige Bach entspringt. Der andere Weg bringt uns zum Spullersee, aus dem sich der Spullerbach speist. Die beiden Wildwasser vereinigen sich bei Zug und fließen dann als Lech zur Donau hin.

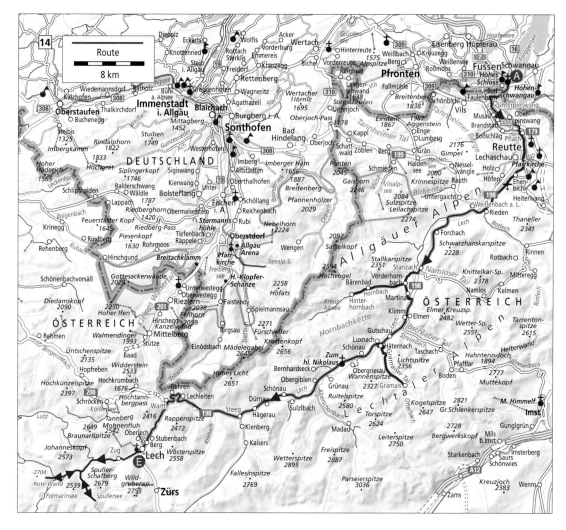

Nicht alle Kühe sind so hygienebewusst wie diese im Lechquellgebiet.

die Hände der Gäste. Solchermaßen geehrt machen wir uns bald von dannen und kehren zurück zum Lech.

Das breite, mit saftigen Wiesen bewachsene Tal ist ziemlich dicht besiedelt. Die Ortschaften sind beschaulich, in jeder gibt es mehrere Holzschnitzer und Holzbildhauer, die ihre Kunstwerke ausstellen. Ab Steeg verändert das Lechtal sein Gesicht, der Fluss schneidet sich tief ins Gestein. Von den fast senkrecht abfallenden Felswänden springen Sturzbäche dem Lech entgegen. Die Straße wird zunehmend kurviger und ansteigend, mäandert einige Hundert Meter über dem Flusslauf mit ihm um die Wette. In Warth biegen wir links ab und schwingen noch einige Kilometer bis zum

Aufgelöstes Kalkgestein sorgt für die smaragdgrüne Färbung des Flusses.

Wintersportort Lech weiter. Selbst zur Sommerzeit ist das Örtchen gut besucht, auf den Straßen tummeln sich zahlreiche Wanderer mit Rucksäcken und Stöcken. In einem der vielen Lokale gönnen wir uns eine kleine Pause mit duftendem Kaffee und deftiger Brotzeit bzw. Jause, wie die Österreicher sagen. Gestärkt machen wir uns auf die letzte und schönste Etappe dieser Tour. In der Ortsmitte führt uns ein kleines Sträßchen nach Zug, dass nur aus ein paar Häusern besteht. Hier beginnt der Ausflug ins Lechquellengebirge.

REISE-INFOS

Allgemeines

Immer am Fluss entlang geht es durch Tirol nach Vorarlberg. Wir erfahren die Veränderung des Lechtals, von breit ausgeschürft bis tief eingeschnitten.
Lechtal Tourismus, *A-6652 Elbigenalp, 55 b, Tel. 0043/5634/53 15, www.lechtal.at*

Motorradfahren

Straßen und Kurven fast aller Kategorien kommen uns auf dieser Tour unter die Räder. Besonders attraktiv sind die Abstecher in die urigen Seitentäler des Lechs.

Sehenswürdigkeiten & Aktivitäten

Wildwassersport Lechtal, *Ebele 209, A-6651 Häselgehr, Tel. 0043/5634/63 04, www.fun-rafting.at. Canyoning, Rafting, Canadiertouren und weitere abenteuerliche Outdoor-Aktivitäten.*
AIRsport 2000 GmbH, *Haus Nr. 95, A-6653 Bach,*

Tel. 0043/5634/64 98, www.airsport.at. Auf zum unvergesslichen Höhenflug mit einem Tandem-Paraglider!

Essen & Trinken

Gasthof Alpenrose, *Haus Nr. 12, A-6650 Gramais, Tel. 0043/5634/63 01, www.familienhuette.com*
Jamdo – Café-Restaurant, *Rain 144, A-6642 Stanzach, Tel. 0043/5632/200 73, www.jamdo.at*

Übernachtung

Schönauer Hof, *Schönau 29, A-6653 Bach, Tel. 0043/5633/53 09, www.hotel-schoenauerhof.com. Moho-Bikerhotel.*
Gasthof Alpenhof, *Kienberg 36, A-6655 Steeg/Kaisers, Tel. 0043/5633/56 16, www.alpenhof-lorenz.at. Auch auf die speziellen Bedürfnisse von Motorradfahrern eingestellt.*

Motorradmonument
am Riedbergpass

Sackgassen der besonderen Art

Der Riedbergpass, der höchste befahrbare Pass Deutschlands, ist der fahrerische und topografische Höhepunkt dieser Tour. Weitere landschaftliche Highlights halten die Abstecher ins Hirschgundertal und ins Kleine Walsertal bereit.

»Heidi-Idyll« im Hirschgundertal

Nach gemächlichem Frühstück starten wir von Sonthofen, der südlichsten Stadt Deutschlands, in den sonnigen Spätherbsttag. Es ist einer dieser letzten Oktobertage, an denen es den Biker noch einmal auf die Straße zieht, um die Saison gebührend

ausklingen zu lassen. Dafür ist der Riedbergpass ein beliebtes Territorium, ist er doch der höchste und neben dem Oberjoch einzige befahrbare Bergübergang im Allgäu. Um trotzdem in den Genuss der schönen Alpenlandschaft zu kommen, geht es dann später auf einigen Stichstraßen in die Allgäuer Bergwelt. Aber jetzt erst mal los, wir wischen die letzten feinen Tropfen des Morgentaus von unseren Sitzbänken, und obwohl die Sonne schon hoch steht, ist es noch ziemlich frisch.

So tuckern wir gegen Norden auf der Deutschen Alpenstraße aus der Stadt, die sich in der weiten Talsenke zwischen Ostrach und Iller ausgebreitet hat, haben es in der Kälte gar nicht eilig, auf den 1420 Meter hohen Pass zu kommen. So wärmen wir uns gleich in Immenstadt bei einem dampfenden Kaffee, lassen die Sonne weiter an Kraft gewinnen. Auf der B 308 geht es vorbei am malerisch gelegenen Alpsee, auf dem sich bei diesen Temperaturen nicht einmal ein Segelboot tummelt. Im Gegensatz

Ostauffahrt zum Riedbergpass im oberen Teil

Auf Motorrad fahrende Gäste eingestellt: Aach an der Grenze zu Österreich

zum Sommer, wenn oft viele bunte Windtücher das große Gewässer betüpfeln. Entsprechend wenig los ist auch auf den Straßen, die Thermometer-Anzeige des Motorrads steht mittlerweile auf angenehmen 12 Grad Celsius, der Tank ist voll, beste Voraussetzungen für einen schönen Nachmittag auf dem Motorrad.

Bei Oberstaufen blinken wir nach rechts und biegen unter der Bundesstraße hindurch nach links ab, in Richtung Steibis und Hittisau. Nach Steibis, einem beliebten Ort der Sommerfrische und des Wintersports, führt dann

MEIN TOPTIPP – BREITACHKLAMM OBERSTDORF

Klein und irgendwie verloren fühlt man sich in diesem Meisterwerk elementarer Naturgewalten. Beidseitig senkrecht aufragende Felswände, bis zu 150 Meter hoch, mit teils bizarren Formen. Kreisrunde Strudellöcher und Wassermulden harmonieren zu einem überwältigenden Schauspiel gewaltig schaffender Erosionskräfte. Im September 1995 ereignete sich ein Felssturz, hinter dem sich das Wasser bis zu 30 Meter hoch aufstaute und ein halbes Jahr später mit einem verheerenden Durchbruch hohen Schaden und Verwüstung anrichtete. Es zeigt, der Künstler ist immer

noch bei der Arbeit. Nach mehrmaligen Fehlversuchen, die Schlucht begehbar zu machen, wurde schließlich 1905 auf Betreiben des jungen Pfarrers Sebastian Schiebel ein Steig angelegt. Die Breitachklamm zählt zu den spektakulärsten Felsenschluchten Mitteleuropas. Das belegen die jährlich über 300 000 Besucher, die sich auf den zweieinhalb Kilometer langen Weg machen, der sich wirklich lohnt.
Breitachklamm-Verein, *Klammstr. 47, 87541 Oberstdorf, Tel. 08322/48 87, www.breitachklamm.com*

»Wos schaugst?«, wird sich die Kuh im Hirschgundertal wohl gedacht haben.

alsbald nach links ein enges, teils haarnadel-kurviges Sträßchen. Geschwindigkeitsregle-mentiert, größtenteils durch besiedeltes Gebiet führend, ist diese Sackgasse für den Motorradfahrer nicht wirklich interessant. Es sei denn, er möchte mit der Gondelbahn auf den bekannten Hochgrat schweben und sich ein Gipfelerlebnis mit Gebirgspanorama der Extraklasse gönnen.

Unsere Reise auf der Straße geht weiter Richtung Österreich; kurz hinter dem beschaulichen Ort Aach überqueren wir die Grenze. Nach ungefähr zwei Kilometern zweigen wir links ab, hoch nach Riefensberg. Die enge, kurvige Nebenstrecke nach Hittisau macht mehr Spaß als die parallel verlaufende Hauptstraße, wenn man auch oder gerade weil man langsamer vorankommt. In Hittisau blinken wir links Richtung Deutschland. Bevor wir uns von unserem südlichen Nachbarn verabschieden, empfehle ich noch einen Abstecher ins bezaubernde Hirschgundertal. Richtung Sibratsgfäll schlängelt sich das Sträßchen über steile Bergwiesen, vorbei an malerischen Holzhäusern durch ein Bergpanorama, so prickelnd wie das nationale Erfrischungsgetränk Almdudler. Nach ungefähr zehn Kilometern endet die geteerte Straße, geht über in einen Feldweg. Ohne es zu merken, sind wir wohl schon ein Stück weit nach Deutschland gefahren, aber ab hier ist der alte Verbindungsweg nach Oberstdorf für den motorisierten Verkehr gesperrt. Also drehen wir um, geben uns die herrlichen Kurven nochmals von der anderen Seite und schwenken nach rechts auf die Straße hoch zum Riedbergpass. Ein Stück nach der Grenze, in Gschwend, führt nach rechts eine Stichstraße zum idyllisch gelegenen Gasthaus Bodenseehütte, Partner der Zeitschrift *Tourenfahrer*. Zum Pass geht es ziemlich geradlinig und ohne spürbare Steigung weiter bis Mittelalpe. Erst die letzten zwei Kilometer zum Scheitelpunkt werden dann steiler. Kurz dahinter bietet sich ein weiterer Einkehrschwung an, diesmal nach links zur Grasgehrenhütte.

Im Gegensatz zur westlichen Passauffahrt erwartet uns die andere Seite mit pulssteigerndem Schräglagen-Feeling auf einem Gefälle von bis zu 16 Prozent. Da darf dann schon mal herzhaft gebremst werden. In Obermaiselstein biegen wir nach rechts Richtung Kleinwalsertal. Das Sträßchen quetscht sich durch einen engen Felsdurchbruch, schlän-

gelt sich weiter um den Ochsenberg. Wer etwas Zeit im Gepäck hat, sollte sich vorher bei einem Abstecher zur Breitachklamm auf einen faszinierenden Spaziergang in die beeindruckend enge Schlucht begeben. In einem weiten, windgeschützten Talkessel liegt Oberstdorf mit seiner weltberühmten Skisprungschanze malerisch vor den schon schneebehüteten Gipfeln der Allgäuer Alpen. Wir lassen den sich fest in Touristenhand befindlichen, kleinwinkligen Ort links liegen und schwingen uns ins 13 Kilometer lange Seitental der Iller, eingerahmt von prächtigem Bergpanorama. Sicherlich gehört das Kleinwalsertal nicht zu **den** Biker-Dorados, ein gewissenhafter Allgäu-Forscher darf sich jedoch nicht eine der wenigen Möglichkeiten entgehen lassen, mit dem Motorrad in die Allgäuer Alpen einzudringen.

Im 14. Jahrhundert taten dies die Walser, damals natürlich noch nicht motorisiert, nach denen das Tal auch benannt wurde. Heute er-

In Mittelberg im Kleinwalsertal ist für Motorradfahrer Endstation.

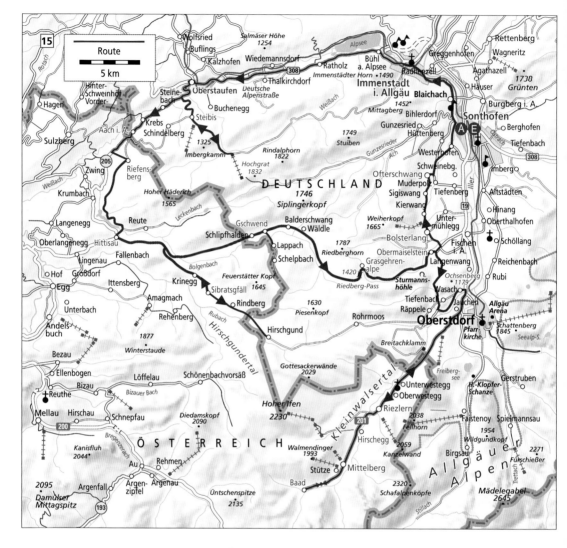

Beliebter Biker-Treff: der Schwabenhof in Balderschwang

scheint es als territoriales Kuriosum, gehört es doch zu Österreich, ist aber auf Straßen nur von Bayern aus erreichbar. Bereits 1891 wurde es an das deutsche Zoll- und Währungsgebiet angeschlossen. Von der Terrasse eines der zahlreichen Gasthäuser genießen wir im hinteren Teil des Tales das grandiose Panorama, bevor wir durch die mittlerweile zusammengewachsenen Ortschaften Mittelberg, Hirschegg, Riezlern und Westegg wieder zurückgondeln. Bei Oberstdorf ziehen wir die malerische, bereits auf dem Hinweg unter die Räder genommene Strecke bis Obermaiselstein und dann weiter über Bolsterlang nach Sonthofen der schnelleren über die B 19 vor. Auf den

Dasselbe gilt für die nahe gelegene Bodenseehütte.

wesentlich beschaulicheren Nebenwegen erhalten wir noch einige romantische Impressionen der Allgäuer Bergwelt. Schon früh verabschiedet sich die Wärme spendende Sonne an kurzen Herbsttagen, und es wird für heute Zeit einzukehren.

REISE-INFOS

Allgemeines

Von den Ausläufern des Bregenzer Waldes über den Riedbergpass bis hin ins Kleinwalsertal geht es auf dieser Tour dreimal nach Österreich und wieder zurück nach Deutschland. Zur Hochsaison ist in der beliebten Urlaubsregion jede Menge los und entsprechend viel Verkehr auf den Hauptstraßen.
Gästeamt Sonthofen, Rathausplatz 1, 87527 Sonthofen, Tel. 08321/61 52 91, www.sonthofen.de

Motorradfahren

Fahrerischer Hochgenuss am Riedbergpass, der Abstecher ins Kleinwalsertal ist eher was zum Schauen.
Allgäu Mopeds, Motorradverleih, Goldbachweg 20, 87538 Bolsterlang, Tel. 0171/145 04 65, www.haus-bergahorn.de

Sehenswürdigkeiten & Aktivitäten

Mini-Mobil Modellmuseum Sonthofen, Oberstdorfer Str. 10, 87527 Sonthofen, Tel. 08321/877 17, www.minimobil-museum.de. Über 18 000 Automobil-, Flugzeug-, Schiff- und Eisenbahnmodelle.
Hochgratbahn Steibis, Am Lanzenbach 5, 87534 Oberstaufen, Tel. 08386/82 23, www.hochgrat.de

Essen & Trinken

Grasgehrenhütte, Riedbergpass 1, 87538 Obermaiselstein, Tel. 08326/77 73, www.grasgehren.de. Bei Bikern beliebtes Ausflugsziel.
Schwabenhof, 87538 Balderschwang, Tel. 08328/92 40 60, www.schwabenhof.com. Direkt an der Straße zum Riedbergpass gelegener Bikertreffpunkt.
Berggasthof und Pension Bodenseehütte, Haus Nr. 50, 87358 Balderschwang, Tel. 08328/10 20, www.bodenseehuette.de. Tourenfahrer-Partnerhaus.

Übernachtung

Hotel Bauer, Hans-Böckler-Str. 86, 87527 Sonthofen-Rieden, Tel. 08321/70 91, www.landhotel-bauer.de. Hotel mit Biergarten und mexikanischer Küche. Am Wochenende wird die stylische American Bar im Keller aufgesperrt, beliebter Treffpunkt der lokalen Bikerszene. Zum Gastgewerbe betreibt die Familie, alles leidenschaftliche Ballonfahrer, noch ein Luftfahrtunternehmen.
Infos unter: www.ballonsport-alpin.de

Beim Örtchen Ebnit,
die Große Klara im
Hintergrund

Die imposante Alpenwelt des Bregenzer Waldes

Ob im abenteuerlichen Ebniter Tal, auf dem legendären Furkajoch oder im hügeligen Voralpenland – die Mittelrille unseres Reifenprofils wird nur wenig beansprucht.

Weiter Blick vom Furkajoch auf die Ostrampe

Wahrlich paradiesisch ist es hier am Paradies in Oberstaufen. Als Abschnitt der beliebten Deutschen Alpenstraße ist die kurvenreiche Bundesstraße 308 zwischen Oberreute und Oberstaufen längst kein Geheimtipp mehr, aber trotzdem immer wieder erfahrenswert. Wochentags, außerhalb der Hochsaison hält sich der Verkehr meist in Grenzen, und es macht auf dem griffigen Asphalt tierisch Laune, sich an die Grenzen der Fliehkräfte heranzutasten.

TOUR-CHECK

Start: Oberstaufen
Ziel: Oberstaufen
Tourencharakter: Abwechslungsreicher Landschafts- und Fahrgenuss in und vor den Alpen
Tourenlänge: 170 km
Kombinierbar mit Touren: 15, 17, 18
Genussfaktor:
▶ *Fahrerisch:* ★ ★ ★ ★ ★
▶ *Sightseeing:* ★ ★ ★ ★ ★
▶ *Kulinarisch:* ★ ★ ★

Das herrliche Panorama genießen wir lieber bei einem Stopp auf dem Rastplatz. Zu unseren Füßen liegt beeindruckend die Nagelfluhkette, mit dem markanten Gipfel des Hochgrats. Mit 1834 Metern ist er die höchste Erhebung im Westallgäu.

Ein Stück weiter gleiten wir hinab nach Oberstaufen. Für heute lassen wir das für seine Schroth-Kuren bekannte Heilbad links liegen, biegen vor dem Ortskern in einer engen Haarnadelkurve Richtung Hittisau nach Süden ab und befinden uns bald darauf in Österreich. Gemächlich windet sich die Staatsstraße 205 über die saftig grünen Hügel. In Lingenau setzen wir den Blinker links, und über Egg kurven wir nach Schwarzenberg. Das malerische Dorf gefällt durch seine zahlreichen urigen und schön gepflegten Holzhäuser. Im steten »Hinum und Herum« geht es dann erst teilweise steil bergan, bevor die Straße ab Ammenegg nach Dornbirn wieder bergab läuft. In der Stadt folgen wir der Beschilderung ins Ebniter Tal, einem Highlight unserer heutigen Tour.

Tief hat sich das Wasser der Dornbirner Ach seinen Weg durch das Gestein gefräst. Ein vielfach geflicktes, einspuriges Sträßchen führt

Die Westrampe führt durch das malerische Laternser Tal.

Beeindruckende Holzarchitektur in Schwarzenberg

uns abenteuerlich durch einige Felsdurchbrüche bergan in das 1075 Meter hoch gelegene Bergdorf Ebnit. Die atemberaubenden Einsichten in das wildromantische, zerklüftete Tal und die faszinierende Bergwelt rufen Bilder aus den Karl-May-Bänden »In den Schluchten des Balkan« und »Durchs wilde Kurdistan« wach. In einem kleinen Café am Ortsende von Ebnit lassen wir bei einem köstlichen Toast mit würzigem Bergkäse von der nahen Alm diese einzigartige Szenerie auf uns wirken. In Ebnit geht die Straße nicht weiter, und wir nehmen denselben Weg, auf dem wir gekommen sind, zurück – er wird auch bei der Rückfahrt nicht langweilig.

In Gütle, kurz vor Dornbirn bei der Rappenlochschlucht, lohnt ein kurzer Abstecher ins

»very british« Rolls-Royce-Museum. Wer sich lieber in freier Natur die Füße vertreten will,

---

MEIN TOPTIPP – ROLLS-ROYCE-MUSEUM BEI DORNBIRN

Kaum zu glauben, am Eingang des urigen Ebniter Tals auf so viel automobilen Luxus zu stoßen. Die Familie Vonier hat in Gütle, in einem 150 Jahre alten Gebäude einer ehemaligen Spinnerei, das weltgrößte Rolls-Royce-Museum etabliert. Werthaltige Eleganz und zeitloses Design, das Rolls-Royce zu Weltruhm verhalf, werden hier widergespiegelt, Automobilgeschichte wird zum faszinierenden Erlebnis. Jeder Rolls-Royce im Museum ist ein Unikat, und jedes Automobil kann auf seine eigene, sehr spannende Geschichte zurückblicken. Es dauerte fast ein halbes

Jahrhundert, um diese außergewöhnliche Sammlung mit weit über 1000 Exponaten zusammenzutragen. Nutzen Sie die Möglichkeit des persönlichen Gesprächs in der hauseigenen Restaurationswerkstatt, und erfahren Sie hautnah Details und Einzelheiten. Im »Tea-Room« tauchen wir im Ambiente der Kolonialzeit beim traditionellen »Fünf-Uhr-Tee« in eine längst vergangene Zeit ein.
***Rolls-Royce-Museum**, Gütle 11 a, A-6850 Dornbirn, Tel. 0043/5572/526 52*

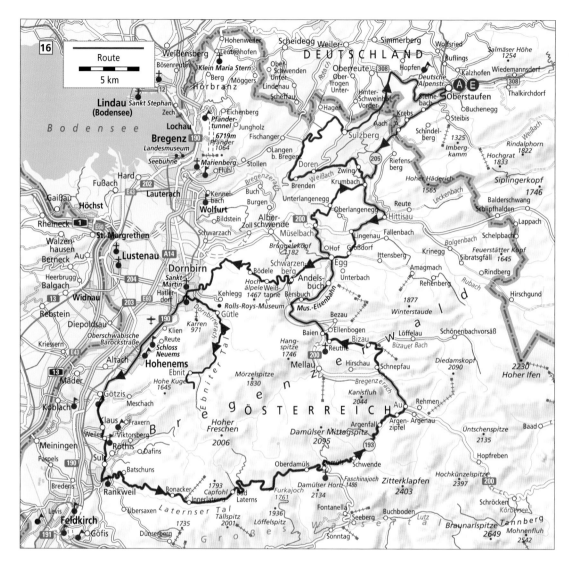

Kunstvoller Fahrradständer in Dornbirn

lassen sich die elf Kilometer auf der Bundesstraße 190 nach Götzis gut abspulen. Von dieser biegen wir hier links ab und gelangen über das Örtchen Klaus nach Rankweil. Über das landschaftlich wunderschöne Laternser Tal schwingen wir uns hoch zum Furkajoch (1761 m). Nach einer spitzkehrenreichen Auffahrt durch das Gemeindegebiet von Zwischenwasser fahren wir ein gutes Stück auf einer aus dem Fels gehauenen, imposanten Terrassenstrecke hoch über dem Talgrund. Die wenigen Kurven erlauben ausgiebiges Schauen in die idyllische Alpenlandschaft. Dunkelgrüne Wäldchen und samtgrüne Mat-

findet in Gütle den Einstieg in die enge Klamm der Rappenlochschlucht. Mit den unvergesslichen Impressionen des Ebniter Tals im Kopf

ten bekleiden die steilen Berghänge. Die Straße ist teilweise nur einspurig und wird vornehmlich von Motorradlern benutzt. Am Scheitelpunkt bietet zum tollen Panorama ein kleiner Kiosk Snacks und Kaffee. Die Fahrt hinab ins Tal der Bregenzer Ach ist nicht weniger beeindruckend, die Straße etwas breiter ausgebaut. Da fällt es schwer sich zu entscheiden: Ob gemütliches Bummeln und Landschaftschauen oder konzentriertes Kurvenkratzen. Mit dem mächtigen Grat des Kanisfluh vor Augen rollen wir in die schmucke Ortschaft Au. Auf der 200 geht es wieder nordwärts, mit einem serpentinenreichen Schlenker über Bizau. Wir werfen nochmals einen Blick zurück auf das Felsmassiv des Kanisfluh, dessen Nordseite noch gewaltiger wirkt. Über Egg und Müselbach verlassen wir auf kurvigen Nebenstrecken den alpin geformten Raum, wechseln in die moränengewellten Voralpen. In Krumbach folgen wir 300 Meter der Straße 205 nach links, bevor es Richtung Doren wieder über schmalere Wege geht. Wir nehmen erst die zweite, weil kurvigere Abzweigung nach Sulzberg. Auf dem einspurigen Sträßchen Richtung Oberstaufen folgen wir nach gut einem Kilometer einem Schild »Ferien auf dem Bauernhof«. Ein-

sam und lauschig zeigt sich hier das Grenzgebiet. Mein Tipp: Versorgen Sie sich rechtzeitig mit einer deftigen Brotzeit, und machen Sie ein romantisches Picknick. Im Niemandsland zwischen Deutschland und Österreich hat sich wohl keiner für den Straßenbelag zuständig gefühlt, sodass wir auf einen Feldweg geraten. Bald haben wir jedoch wieder festen Belag unter den Reifen und treffen hinter Irsengrund auf die Deutsche Alpenstraße, wo sich der zweite Kreis unserer zu einer Acht geformten Tour schließt.

Gipfelsnack auf dem Furkajoch in 1761 Meter Höhe

REISE-INFOS

Allgemeines

Vom südlichen Westallgäu aus erkunden wir die bezaubernde Alpenwelt des Bregenzer Walds im österreichischen Bundesland Vorarlberg. Auf dem Furkajoch gelangen wir bis an die Baumgrenze dieser an einen kitschigen Heimatfilm erinnernden Landschaft.

Oberstaufen Tourismus Marketing, *Haus des Gastes, Hugo-von-Königsegg-Str. 8, 87534 Oberstaufen, Tel. 08386/93000, www.oberstaufen.de*
Dornbirn Tourismus, *Rathausplatz 1, A-6850 Dornbirn, Tel. 0043/5572/22188, www.dornbirn.info*

Motorradfahren

Wir bewegen uns sowohl auf gut ausgebauten Straßen, die extreme Schräglagen zulassen, als auch auf schmalen Wegen, deren Belag eher einem Fleckerlteppich gleicht und gemächliches Motorradwandern erfordert.

Sehenswürdigkeiten & Aktivitäten

Inatura-Museum, *Jahngasse 9, A-6850 Dornbirn, Tel. 0043/5572/232350, www.inatura.at. In einem der modernsten Naturmuseen Europas wird spielerisch Wissen aus Natur und Technik vermittelt. Ergehenswert die enge, tief eingeschnittene Klamm der Rappenlochschlucht. Der Eingang befindet sich gleich beim Rolls-Royce-Museum in Gütle.*

Essen & Trinken

Gasthof Alpenblick, *Dorf 12, A-6934 Sulzberg, Tel. 0043/5516/2217, www.alpenblick.co.at*
Berggasthof Kanisfluh, *Schnepfegg 54, A-6882 Schnepfau, Tel. 0043/5518/2108, www.kanisfluh.at*

Übernachtung

Berghof am Paradies, *Berg 8, 87534 Oberstaufen, Tel. 08386/93320, www.berghof-am-paradies.de*

Gemütlicher Bodenseeblick
vom Berggasthof Stadler
bei Möggers

Panoramatour mit grandiosem Dreiländerblick

Ein Ausflug zur alten Pfänderstraße schenkt uns atemberaubende Ausblicke auf die Inselstadt Lindau und den Bodensee. Vorsicht! Lassen Sie sich davon nicht zu sehr vom Fahren ablenken; lieber öfter mal anhalten und ein Foto schießen. Auf der West-allgäuer Käsestraße begegnen uns jede Menge lukullischer Genüsse.

Idyllisch gelegenes Hotel Waldsee bei Lindenberg

Es ist schon spät, als wir nach einem üppigen Frühstücksbuffet von der sonnigen Terrasse des Hotels Waldsee am Ortsrand von Lindenberg aufbrechen. Malerisch liegt dieses Kleinod direkt am Ufer des gleichnamigen Sees. Mein Tipp: Man muss nicht Gast des Hotels sein, um sich einen Sprung in den höchstgelegenen Moorsee Deutschlands zu gönnen. Bei gut 100 Kilometern, die wir uns für diese Tour vorgenommen haben, bleibt genug Zeit zum Trödeln, Entspannen und Genießen.

TOUR-CHECK

Start: Lindenberg
Ziel: Lindenberg
Tourencharakter: Herrliche Ausblicke und Kurven satt
Tourenlänge: 105 km
Kombinierbar mit Touren: 12, 16 19
Genussfaktor:
▶ *Fahrerisch:* ★★★★★
▶ *Sightseeing:* ★★★★
▶ *Kulinarisch:* ★★★★★

Genussvoll kurven wir dann von Lindenberg die Serpentinen der B 308 ins Rickenbachtal hinab. Griffiger Asphalt und geringer Verkehr gestatten äußerst schräge Lagen. Alsbald biegen wir von der deutschen Bundesstraße nach links Richtung Hohenweiler ab und sind somit vollkommen unbemerkt nach Österreich gelangt. Hinter der Ortschaft Hohenweiler führt uns ein schmales, gewundenes Sträßchen ein Stück durch einen Wald bergan, bevor sich wieder saftig grüne Wiesen mit weidenden Kühen ausbreiten. Wir schlängeln uns weiter Richtung Möggers und Unterramsach zum Hochberg. Immer wieder eröffnen sich herrliche Ausblicke bis hin zum Bodensee. Dessen Ufer nähern wir uns durch den Weiler Eichenberg und zahlreiche Haarnadelkurven.

Kurz vor Lochau liegt irgendwo tief unter uns der 1980 in Betrieb genommenen Pfändertunnel, der auf einer Länge von fast sieben Kilometern dem eilenden Verkehr einen Weg durch den Berg bahnt. Wir wollen jedoch nicht in den Berg hinein, sondern auf ihn hinauf. Über die alte Pfänderstraße statten wir dem 1064 m hohen Gipfel einen aussichtsreichen Besuch ab.

Ruhige Nebenwege führen uns ans Schwäbische Meer.

Auf dem Pfänder hat man ein großartiges Drei-Länder-Panorama.

Zurück an den Niederungen des Bodensees lassen wir uns auf der rege frequentierten Küstenstraße knapp zwei Kilometer bis Bregenz treiben. Wir sind froh, dem hektischen Treiben der Stadt gleich wieder zu entfliehen. Richtung Weiler steuern wir an der Südflanke des Pfänders auf einer ruhigen Nebenstrecke zurück nach Deutschland. In Neuhaus, gleich nach der Grenze, halten wir uns links nach Scheidegg, wo wir auf die Westallgäuer Käsestraße stoßen. Von den Alpen bis zum Bodensee verbindet sie zahlreiche Sennereien,

MEIN TOPTIPP – GIPFELPANORAMA AM PFÄNDER

Vom beliebten Hausberg der Bregenzer lassen sich bei klarem Wetter 240 Alpengipfel zählen. Der großartige Dreiländerblick reicht von den Allgäuer und Lechtaler Alpen und dem Bregenzer Wald über die steilen Gipfel des Arlberggebirges und die Silvretta weit über das Rätikon bis in die Schweizer Berge. Natürlich zieht solch eine Kulisse jede Menge Schaulustige an. Seit 1929 erreichen sie bequem mit einer Luftseilbahn den Gipfel. Wir probieren den Gipfelsturm jedoch von Lochau aus, auf der alten Pfänderstraße. Einfach der Beschilderung »Pfänder« folgen. Abenteuerlich windet sich das häufig geflickte, einspurige Sträßchen steil aufwärts. Teilweise halten hohe Palisaden aus quer gelegten, dicken Holzstämmen den Berg von

der Fahrbahn. Rollsplitt, rutschige Kuhfladen und eine mögliche Begegnung mit deren Produzenten lassen uns ein gemächliches Tempo fahren. Wer Glück hat, findet am großen Parkplatz eine offene Schranke, da die Durchfahrt bis zur Bergstation nur auf Widerruf gestattet ist. Ansonsten bleibt ein Fußweg von einer guten Viertelstunde oder von Bregenz aus eine sechsminütige Fahrt mit der Gondel. Im Alpenwildpark mit Mufflons, Steinböcken und Adlerwarte – unweit der Bergstation – treffen wir auf die Bergbewohner, die man am Wegesrand sonst eher selten sieht. Wie auch immer man den Berg bezwingt, entgehen lassen sollte man sich das berauschende Gipfelglück auf dem Pfänder nicht. Infos unter: www.pfaender.at

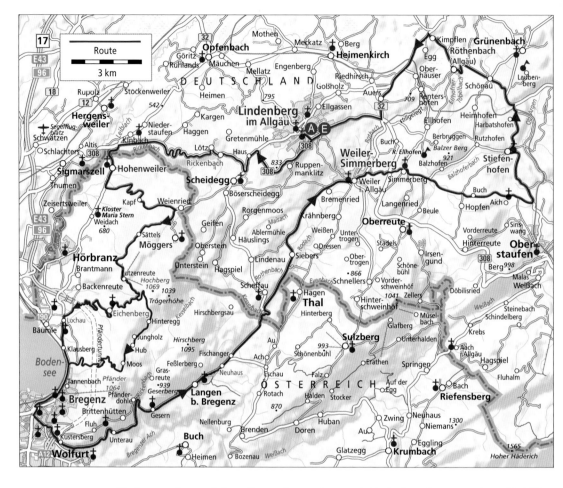

Gewaltiger Römer-kopf am Wegesrand in Neuhaus

Direktvermarkter und Gaststätten, aber auch eine Privatbrauerei und eine Schnapsbrennerei. Allein auf unserem restlichen Weg zurück nach Lindenberg kommen wir an fünf Käsereien vorbei, die alle besichtigt werden können. Sowieso ist das Allgäu ohne seinen berühmten Käse gar nicht denkbar. Liebhaber von Emmentaler und Konsorten bewegen sich im Allgäu bekanntermaßen im reinsten Schlaraffenland. Mein Tipp: Kosten Sie sich durch die verschiedenen »Käslädele«. Mag man über Geschmack und Aroma des feinwürzigen, vergorenen Milchprodukts auch streiten, geht einem zweifellos beim Anblick der grandiosen Landschaft, aus der es stammt, das Herz auf. Friedlich geduckt wellen sich die grünen Wiesen und Wälder vor den mächtig und schroff emporragenden Felswänden der Nagelfluh-Bergkette im Süden.

Durch diese Miniatur-Eisenbahnlandschaft gondeln wir in einem Bogen über die beschaulichen Dörfer Weiler-Simmerberg, Stie-

fenhofen und Röthenbach zurück nach Lindenberg. Als Stadt des Hutes hatte sie früher einen weithin bekannten Ruf. Pferdehändler brachten aus Italien die Kunst des Strohhutflechtens in die Stadt. Daraus entwickelte sich ein beachtlicher Gewerbezweig mit über 30 Betrieben zu Beginn des 20. Jahrhunderts. Zwar gibt es heute nur noch einen Hersteller, aber ein kleines, liebevoll gepflegtes Museum und die weltweit einzige Hutkönigin weisen auf die einstige Bedeutung hin. Für all diejenigen, die auf der Käsestraße nicht satt geworden sind, mein Tipp: »Osteria Toscana«. Nirgendwo sonst habe ich nördlich der Alpen eine bessere Pizza gegessen. Die Frage, ob dies auch mit den alten Verbindungen von Lindenberg nach Italien zusammenhängt, konnte ich nicht endgültig klären.

Oben links: Ein Käslädele findet man im Allgäu an fast jeder Ecke, hier in Weiler. Oben: Jeden Freitag ist Standkonzert am Stadtplatz von Lindenberg. Links: Weiter Blick vom Eichenberg über Lindau und den Bodensee

REISE-INFOS

Allgemeines
Vom bayerischen Teil des Westallgäus verläuft die Tour bis ins österreichische Vorarlberg. Bei den vielen fantastischen Ausblicken auf diese viel gepriesene Alpenlandschaft kommt wirklich jeder ins Schwärmen. Zudem lockt am Wegesrand der weltberühmte Allgäuer Käse zu kulinarischen Genüssen.
Tourist-Information Lindenberg, *Stadtplatz 1, 88161 Lindenberg, Tel. 08381/803 28, www.lindenberg.de*

Motorradfahren
Kurven jeglicher Krümmung sorgen für ausgiebige Fahrfreude. An schönen Wochenenden herrscht am Pfänder meist reger Ausflugsbetrieb, auch auf dem kurzen Stück am Bodensee wird's dann ziemlich eng.
Motorradhaus Gruber GmbH, *Alois-von-Brinz-Str. 3, 88171 Weiler im Allgäu, Tel. 08387/526, www.motorradhaus-gruber.de. Der Yamaha- und Honda-Vertragspartner vermietet auch Motorräder.*
B+G Motorrad-Action, *Baumeister-Specht-Str. 6, 88161 Lindenberg, Tel. 08381/66 54,*

www.motorrad-action.com. Neben geführten Touren kann man auch ein Sicherheitstraining buchen.

Sehenswürdigkeiten & Aktivitäten
Neben dem Pfänder bietet sich in dieser Runde mehrfach der Besuch einer Käserei an. Die jeweiligen Adressen und Besichtigungstermine gibt es unter: **www.westallgaeuer-kaesestrasse.de**. *In Lindenberg findet am letzten Samstag im August das viel beachtete Internationale Käse- und Gourmetfest statt.*

Essen & Trinken
Osteria Toscana, *Blumenstr. 4, 88161 Lindenberg, Tel. 08381/23 57*
Landgasthof Rössle »Beim Kräuterwirt«, *Hauptstr. 14, 88167 Stiefenhofen, Tel. 08383/920 90, www.roessle.de. Allgäuer Spezialitäten und kreative Kompositionen.*

Übernachtung
Hotel Waldsee, *Austr. 41, 88161 Lindenberg, Tel. 08381/926 10, www.hotel-waldsee.de*

*Abfahrt nach Galtür
auf der Silvretta
Hochalpenstraße*

Fünf-Pässe-Tour – der Weg ist das Ziel

Dieser anspruchsvolle Seitensprung ins Serpentinenparadies der Alpen ist nichts für Dauerschnarcher. Diese quartieren sich unterwegs wohl besser für eine zweite Nacht ein. Gleich fünf gebirgige Höhepunkte stehen auf dem Programm.

Schroff und markant ragt der Mittagsfluh ...

W er einige Tage mit dem Motorrad im Allgäu unterwegs ist, den zieht es wie die Einheimischen ganz magisch in den Süden, immer weiter hinein in die Alpen. Dort ist der Motorradfahrer bekanntermaßen dem siebten Himmel sehr nah. Zu den schönsten Wegen in diesen göttlichen Gefilden zählt zweifelsfrei die Silvretta-Hochalpenstraße. Damit diese Himmelfahrt nicht zum Höllentrip wird, gehen wir für eine Nacht »fremd« und schlagen unser Quartier beim österreichischen Nachbarn auf. Sicherlich ist diese Etappe über fünf Pässe nicht gerade die typische Langschläfertour, aber wer

TOUR-CHECK

Start: *Au im Bregenzer Wald*
Ziel: *Au im Bregenzer Wald*
Tourencharakter: *Ein Schmankerl für Passliebhaber*
Tourenlänge: *195 km*
Kombinierbar mit Touren: *–*
Genussfaktor:
▶ *Fahrerisch:* ★ ★ ★ ★ ★
▶ *Sightseeing:* ★ ★ ★ ★ ★
▶ *Kulinarisch:* ★ ★ ★

um zehn Uhr vormittags im Sattel sitzt, kommt gemütlich über die Runde und findet leicht bei Helligkeit den Weg zurück ins heimelige Allgäu.

Heute starten wir jedoch vom Dörfchen Au im Bregenzer Wald. Gemütlich schwingen wir uns entlang des Argenbachs auf die vor uns liegende Kurvenorgie ein. Von Norden grüßt der gewaltige, markante, 2044 Meter hohe Bergbrocken der Kanisfluh. In Damüls biegen wir links zum Faschinajoch ab. Aufwendige Straßenbaukunst, mit einer Lawinenschutzgalerie als Herzstück – 1152 Meter offen und 225 Meter geschlossen geführt – machen die Verbindung über den 1486 Meter hohen Sattel absolut wintersicher. Über die Dörfer mit den wohlklingenden Namen Fontanella und Sonntag wedeln wir ins Große Walsertal hinab. Wie Schwalbennester hängen die Höfe der Bergbauern an den saftig grünen Hängen der Großen Walseralp. Die Postkartenansicht des Heidi-Idylls begleitet uns weiter auf der Brücke über die Lutz und dem etwas holprigen Sträßchen nach Raggal. Das Städtchen Bludenz lassen wir der deutlichen Wegweisung Richtung Silvretta folgend schnell hinter uns, und einige Kilometer weiter sind wir in St. Anton im Montafon. Durch dieses

... über das beschauliche Örtchen Au

Die Galerie am Flexenpass wurde bereits 1895 in den Berg betoniert.

weite Gebirgstal geht es recht unspektakulär bis kurz hinter Partenen. Nach der Mautstelle, 10,50 Euro sind hier zu berappen, geht es dann richtig zur Sache. In einer dichten Folge von 25 Serpentinen gelangen wir zum 700 Meter höher gelegenen Vermunt-Stausee. Die ungestörte Ruhe an seinen Ufern unterstreicht die majestätische, teils schneebedeckte Gebirgswelt, in die er eingebettet ist.

Ganz anders präsentiert sich fünf Kilometer und fünf Haarnadelkurven weiter der Silvretta-Stausee auf der Bieler Höhe. Großparkplatz, mehrere Gastronomiebetriebe und eine Bootsanlegestelle ziehen die Besucher an.

MEIN TOPTIPP – SILVRETTA-HOCHALPENSTRASSE

»Als eine der interessantesten und landschaftlich abwechslungsreichsten Touristenstraßen Österreichs« beschreibt sie der »Große Denzel Alpenstraßenführer«. Bereits 1925 ließen die Illwerke einen alten Karrenweg als Transportweg für das neue Vermunt-Kraftwerk verbreitern. Ab 1938 wurde die Straße, zunehmend durch den Einsatz von Zwangsarbeitern und Kriegsgefangenen unter menschenunwürdigen Bedingungen, bis zur Bieler Höhe (2036 m) verlängert. Die endgültige Fertigstellung dieser Verbindung von Partenen nach Galtür war dann 1953 eher dem Zufall geschuldet: Ein übergroßer Bagger, der noch von früher auf der Bieler Höhe stand, hätte zum Abtransport zerlegt werden müssen. So wurde er aber eingesetzt, sich selbst seinen Weg in das sanft abfallende Hochtal zu bahnen. Nach wie vor im Eigentum der Vorarlberger Illwerke AG ist die Straße heute leider mautpflichtig, dafür gibt es auf der Westrampe 30 Serpentinen und Blicke auf eine grandiose Alpenlandschaft. Von der Bieler Höhe, der Wasserscheide zwischen Rhein und Donau, schweift der Blick über ein Meer von imposanten Berg- und Gletschergipfeln, wie den Großen Piz Buin, um nur den bekanntesten zu nennen. Wer etwas Zeit mitbringt, kann dieses gewaltige Panorama bequem bei einer Rundfahrt mit dem Motorboot auf dem Silvretta-Stausee bewundern.

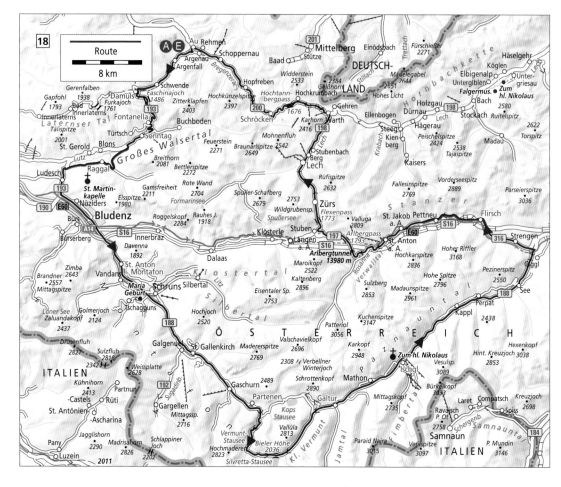

Schönen Gruß vom Faschinajoch

Über die fast kehrenlose Rampe auf der Ostseite fahren wir entlang des Flüsschens Trissana ins beliebte Tiroler Paznauntal. In den Wintersportzentren Galtür und Ischgl wirken die paar Wanderer zwischen den zahlreichen riesigen Beherbergungsbetrieben irgendwie verloren. Bei Landeck biegen wir auf die Straße 316 nach Flirsch. Vorsicht, die Ausschilderung in den Ort weist auch in einen mautpflichtigen Tunnel. Da wir kein »Pickerl« haben, nehmen wir, obwohl fahrtechnisch nicht sehr interessant, die überirdische Strecke durch verschiedene Wintersportorte bis St. Anton, diesmal am Arlberg. Über den durchbohrten Namensgeber schwingen wir uns auf seiner Außenseite durch einige 180-Grad-Kehren zurück ins Vorarlberg, das uns gleich mit dem Flexenpass begrüßt. Diese Über-den-Berg-Verbindung besticht in erster

30 Serpentinen schlängeln sich auf der Westrampe der Silvretta-Hochalpenstraße.

Linie durch die interessante Bautechnik. Die bereits 1895 in den fast senkrechten Fels betonierte Galerie zeugt von der Kühnheit des Straßenbaus unserer Vorväter. Die einseitige Durchfahrt wird von einer Ampel mit maximal 15 Minuten Wartezeit reguliert. Die engen, unübersichtlichen Kurven in den Tunnels und Galerien verlangen trotzdem besondere Vorsicht. Der Ort Zürs wirkt wie eine Geisterstadt, die landschaftsschändlichen Lift- und Hotelanlagen werden nur im Winter geöffnet. Dagegen herrscht etwas weiter unten im Tal, in Lech am Lech, reger Betrieb. Anscheinend können die Sommerfrischler nur einen der beiden Orte beleben. Die Straße entlang des

tief ins Gestein gefrästen Flusses ist gut ausgebaut und verlockt zum zügigen Kurvenkratzen. In Warth biegen wir links auf den Hochtannbergpass, den letzten in der heutigen Runde. Der geringe Höhenunterschied von 175 Metern benötigt nur einige Kehren bis zum Scheitel. Wir durchfahren ein liebliches Almengebiet mit sattgrünen Matten, bevor eine imposante Serpentinenstrecke in die Tiefe mäandert. In Schröcken stoßen wir auf die Bregenzer Ach, an der entlang wir gemütlich die letzten paar Kilometer bis Au cruisen. In einer knappen Stunde sind wir von hier wieder zurück im Allgäu, das uns hoffentlich den kleinen Ausrutscher verzeiht.

REISE-INFOS

Allgemeines
Die Tour verläuft zwischen den beiden österreichischen Bundesländern Vorarlberg und Tirol. Der Höhepunkt der Tour bringt uns auf 2036 Meter über dem Meeresspiegel, daher vor allem im Hochsommer empfehlenswert. Wie in den Bergen üblich, kann sich die Wetterlage schlagartig ändern.

Motorradfahren
Serpentinen ohne Ende, der größte Teil der Straßen ist gut ausgebaut.

Sehenswürdigkeiten & Aktivitäten
Bei diesem Tourenvorschlag bleibt neben dem Motorradfahren nicht viel Zeit für weiteres Sightseeing. Die überwältigende Berglandschaft, in der wir uns bewegen, überflutet die Sinne sowieso weit über ihre Aufnahmefähigkeit.

Essen & Trinken
Gasthof zum guten Tropfen, *Dorfstr. 19, A-6794 Partenen, Tel. 0043/5558/83 22, www.hochmontafon.net/gutertropfen/*

Übernachtung
Hotel Post, *Am Platz 47b, A-6563 Galtür, Tel. 0043/5443/84 22, www.hotel-post.at*
Gasthof Hotel Post, *Argen 100, A-6883 Au im Bregenzer Wald, Tel. 0043/5515/4103, www.motorradhotel.at*
Beide Häuser gehören dem Zusammenschluss von 36 österreichischen und italienischen Motorrad-Hotels an, deren Chefs selbst leidenschaftliche Biker sind und die also wissen, worauf es speziell diesen Gästen ankommt.

Kleinod am Wegesrand:
Schloss Syrgenstein

Perlenfischen im idyllischen Westallgäu

Lernen Sie auf einer gemütlichen Tour mit ruhigen Nebenstrecken die zwei reizenden Städtchen Wangen und Isny kennen. Schwingen Sie mit zum Schloss Waldburg mit einer der prächtigsten Aussichten in Oberschwaben.

Oben: Einladender
Dorfplatz in Eglofs

Rechts: Der Steuer-
zahlerbrunnen in
Isny – eine erklä-
rende Beschilderung
untersagte die Stadt.

Ein alter Spruch sagt: »In Wange bleibt ma hange!«. Daher mein Tipp: Lassen Sie sich für das liebenswerte Städtchen Zeit. Es eignet sich gut als Ausgangspunkt für weitere genussvolle Touren im Westallgäu, die hier sehr dicht gesät sind. Bleibt die Gefahr, dass man nicht so leicht zum Städtele hinauskommt. Auf dieser Tour nehmen wir nur wenige Kilometer unter die Reifen, lassen uns viel Zeit zum Trödeln und Schauen.

TOUR-CHECK

Start: Wangen
Ziel: Wangen
Tourencharakter: Wie Perlen auf einer Kette reihen sich die hochgradigen Sehenswürdigkeiten auf dieser kurzen, vornehmlich auf gemütlichen Nebenstrecken verlaufenden Tour aneinander.
Tourenlänge: 90 km
Kombinierbar mit Touren: 9, 12, 17, 20
Genussfaktor:
▶ *Fahrerisch:* ★ ★ ★
▶ *Sightseeing:* ★ ★ ★ ★
▶ *Kulinarisch:* ★ ★ ★ ★ ★

Vom Stadtzentrum folgen wir der Wegweisung für die B 18 Richtung Lindau. Vorsicht, auch die B 32 ist nach Lindau beschildert. Sie sind richtig, wenn nach der Bahnunterführung als nächste Straße links der Südring abzweigt. Gleich hier an der Ecke, hinter der RAN-Tankstelle, steht die BMW-Niederlassung der immer noch fahrenden Enduro-Legende Herbert Schek. »Erst gestern war ich auf einem Geländewettbewerb für klassische Motorräder«, erzählt er uns und fügt mit einem Schmunzeln hinzu: »Für die großen Rallyes sind die Augen schon zu schlecht, da sehe ich nur noch den Hinterreifen meiner vorausfahrenden Tochter auf und ab hüpfen.« Wir bewundern die von ihm getunte F 800 GS. Mein

Herz schlägt jedoch für den Klassiker mit Zwei-Ventil-Boxermotor.

Nun aber mal raus aus Wangen. Nur zwei Kilometer bleiben wir auf der B 18, bevor wir uns direkt nach Niederwangen über Primisweiler in die Büsche schlagen. Nach einigen Kurven befinden wir uns im ländlichen Idyll, mit saftig grünen Moränenhügeln, auf denen die allgegenwärtigen Allgäuer Kühe die Grundlage für den berühmten Käse schaffen. Über die Ortschaft Amtzell schlängeln wir uns auf engen Sträßchen bis Bodnegg. Nach einem kurzen Dreh am Gasgriff grüßt uns von weitem sichtbar die auf einem Hügel thronende, geschichtsträchtige Waldburg. Neben dem grandiosen Panorama lohnt der kurze Fußmarsch zu dem geschichtsträchtigen Gemäuer wegen eines interessanten Museums, indem es unter anderem ein Faksimile der ersten Amerikakarte von Martin Waldseemüller zu besichtigen gibt. Nur zehn Kilometer weiter wartet in Wolfegg ein weiterer Höhepunkt. Im liebevoll gestalteten Automobilmuseum des bekannten Motorjournalisten Fritz B. Busch sollte man selbst bei Schönwetter für zwei Stunden auf eine nostalgische Zeitreise gehen.

Davon kehren wir mit ziemlicher Verspätung zurück, sodass wir auf ein erfrischendes Bad im Obersee bei Kißlegg verzichten. Selbst das prächtige Neue Schloss mit dem genialen, von J. A. Feuchtmayer gestalteten Rokokotreppenhaus lassen wir links liegen. Wir genießen eine Brise Fahrtwind und die sanft geschwun-

Endurolegende Herbert Schek mit Schwiegersohn Alexander Schek-Popp

gene Straße, die sich vor Meggen zu zwei Spitzkehren mit 15 Prozent Steigung faltet. Schöne Blicke über die viel gepriesene Allgäuer Bilderbuchlandschaft tun sich auf.

Unbedingt anschauen: das Automobilmuseum von Fritz B. Busch in Wolfegg

MEIN TOPTIPP – AUTOMOBILMUSEUM VON FRITZ B. BUSCH

Es ist ein reich ausgestattetes Stück mobiler Kulturgeschichte, das der Automobilschriftsteller in zwei Gebäuden der fürstlichen Residenz in Wolfegg zusammengetragen hat. Neben dem Ausflug durch die Motorisierung der Vorkriegszeit fasziniert vor allem die Sammlung aus den 1950er- bis 1970er-Jahren. Detailgetreu sind daraus Szenen, vom Picknickausflug bis zur Italienreise, drapiert. Daneben dürfte die umfangreiche Motorradschau jeden Biker begeistern. Vielen Ausstellungsstücken haften witzige Anekdoten zu deren Geschichte an. Man spürt das Herzblut, mit dem das Museum gestaltet ist. Oder wie sagt man

bei jemandem, durch dessen Adern angeblich Benzin strömt? Schon 1973 eröffnete Fritz B. Busch als einer der Ersten in Deutschland ein privates Automuseum, im Fernsehen moderierte er Autothemen, arbeitete für die Illustrierte »Stern« sowie für das Magazin »auto, motor und sport«. Für sein Lebenswerk wurde er mit dem Bundesverdienstkreuz ausgezeichnet.

Das Museum ist von Mitte März bis Anfang November täglich von 9.30–17.30 Uhr geöffnet. Fritz-B.-Busch-Weg 1, 88364 Wolfegg, Tel. 07527/62 94, www.automuseum-busch.de

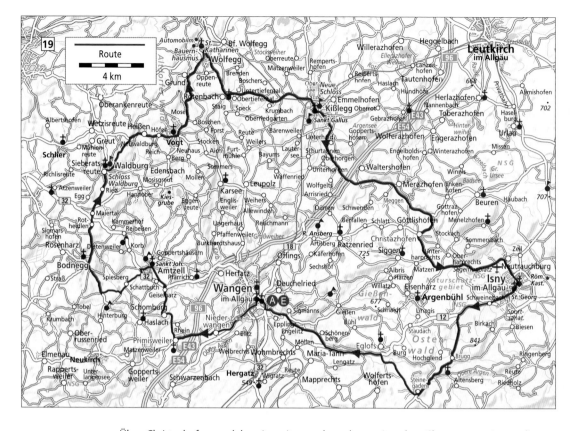

Kulteisen aus Milwaukee mit magischer Anziehungskraft, wie hier die K+M Harleyworld

Über Christazhofen wedeln wir weiter nach Isny und stellen dort das Motorrad am Rand der betriebsamen Fußgängerzone ab. Hier treffen sich die Bewohner beim Einkauf oder auf ein Pläuschchen in einem der zahlreichen Cafés oder einer der gemütlichen Kneipen. Empfehlenswert: Ein kleiner Spaziergang entlang der historischen Stadtmauer mit ihren trutzigen Wehrtürmen. Wir könnten durchaus

dem reizenden Charme von Isny erliegen, lockten uns nicht noch einige Kilometer Fahrgenuss und unser heimlich geliebtes Wangen. Wir wählen nicht den schnelleren, direkten Weg über die B 12, sondern genießen noch einige Kilometer auf kleinen Nebenwegen. Sie führen uns über Brugg, vorbei an der malerischen Badwirtschaft Malleichen – oft als Geheimtipp gepriesen, nun häufig etwas überlaufen –, über Steinegaden nach Eglofstal. Den Schlenker zum Ort Eglofs, auf einem Hügel nur einige Hundert Meter entfernt, sollte man nicht auslassen. Das Ensemble um den kleinen, ruhigen Dorfplatz mit seinem zierlichen Eisenbrunnen in der Mitte würde als Kulisse jeden Heimatfilm bereichern.

Bevor wir unserem geliebten Städtele wieder in die Arme fallen, stoppen wir drei Kilometer vorher noch kurz in Staudach. Wehende Fahnen haben uns auf die K+M Harleyworld aufmerksam gemacht. Zugegeben übt der Kult um die Milwaukee-Eisen, selbst auf einen »Only T-Shirt Owner« wie mich eine magi-

sche Anziehungskraft aus. Doch auf den kleinen, kurvigen Straßen hier im Allgäu bin ich froh um ein leichtes und wendiges Motorrad wie die BMW F 800 ST.

Mit einer vertrauten Geborgenheit empfängt uns Wangen, als wir das Frauentor zur Altstadt passieren. Nach einem köstlichen Abendessen streunen wir durch deren verwinkelte Gassen, staunen ob der liebevoll restaurierten bauhistorischen Substanz, die als gewachsene Einheit bewahrt wurde. Eine besondere Anziehungskraft geht von den vielen kunstvollen, oft skurrilen Brunnen aus, für die die Stadt bekannt ist. Unzählige weitere, manchmal ein wenig versteckte Kleinode gilt es zu entdecken. Am schönsten zeigt sich die Stadt bei einem Spaziergang in einer lauen Sommernacht, wenn nach dem betriebsamen Tagesgeschäft Ruhe eingekehrt ist und ein romantisches Licht ihre Reize betont.

REISE-INFOS

Allgemeines

Die Städte Wangen und Isny liegen im baden-württembergischen Teil des Allgäus. Die Gegend um Schloss Waldburg und das Automuseum in Wolfegg zählen eigentlich schon zu Oberschwaben. Dazwischen erfahren wir eine moränenhügelige, bäuerliche Idylle.
Tourist Information Wangen, *Bindstr. 10, 88239 Wangen im Allgäu, Tel. 07522/742 11, www.wangen.de*
Isny Marketing GmbH, *Unterer Grabenweg 18, 88316 Isny im Allgäu, Tel. 07562/97 56 30, www.isny.de*

Motorradfahren

Nach dem ersten Stück auf engen Nebenwegen erlauben ab Bodnegg Ausbau und Kurven der Straße sowie die einfache Orientierung ein schwungvolles Vorwärtskommen. Auf dem teils einspurigen Abstecher nach Malaichen ist eine gemächlichere Gangart angesagt, denn hier herrscht reger Fahrradverkehr.
Motorrad Schek GmbH, *Am Südring 2, 88239 Wangen, Tel. 07522/975 00, www.motorrad-schek.de*
K+M Harleyworld, *Staudach 4, 88145 Staudach bei Wangen, Tel. 07522/977 70, www.k-m-harley-world.de*
Internationale Classic-Gelände-Zuverlässigkeitsfahrt,
Motorsportclub Isny, *Achener Weg 11, 88316 Isny, Tel. 07562/24 56, www.mscisny.de*

Sehenswürdigkeiten & Aktivitäten

Neben den historischen Altstädten von Wangen und Isny bietet sich die Waldburg für einen Besuch an, sie gilt als eine der besterhaltenen Burganlagen Süd-

deutschlands. Im Jahr 1901 entdeckte ein Jesuitenpater hier das einzig verbliebene Exemplar der berühmten Weltkarte von Martin Waldseemüller. Einem Irrtum dieses Kartografen – er hielt den italienischen Reiseschriftsteller Amerigo Vespucci für den Entdecker des neuen Kontinents – verdankt Amerika seinen Namen. Das Original ist mittlerweile in der Kongressbibliothek in Washington ausgestellt, hier wird ein ca. fünf Quadratmeter großes Faksimile präsentiert.
Gästeamt Waldburg, *Hauptstr. 20, 88289 Waldburg, Tel. 07529/97 17 11, www.gemeinde-waldburg.de*
Wer neben dem Pflichttermin im Automobilmuseum in Wolfegg noch weiterer kultureller Genüsse bedarf, stoppt in Kißlegg. Das prächtige Neue Schloss mit dem einzigartigen Augsburger Silberschmuck und den berühmten Sibyllenfiguren kann sie befriedigen. Unweit vom fürstlichen Prunk erfrischt ein Sprung in das weiche Moorwasser des Obersees.

Essen & Trinken

Badwirtschaft Malleichen, *Malleichen 41, 88167 Gestratz, Tel. 08383/74 39, www.malleichen.de*
Gasthof zur Rose, *Dorfplatz 7, 88260 Argenbühl-Eglofs, Tel. 07566/336, www.gasthof-zur-rose.info. Gute Küche mit herrlichem Blick auf das Argental.*

Übernachtung

Hotel & Restaurant Blaue Traube, *Zunfthausgasse 10, 88239 Wangen im Allgäu, Tel. 07522/66 27, www.blauetraube.com. Liebevoll eingerichtetes und modernisiertes Hotel mit hervorragender Küche inmitten der Altstadt.*

Kurven, Kultur und Küste – ein Ausflug zum Bodensee

Gemütlich kurven wir auf einsamen Sträßchen durch den hügeligen »Obstgarten« des Bodensees, lassen dann unsere Seele an seinem sanften Ufer baumeln.

Garten Eden für Obst und Biker: das Argental im Hinterland des Bodensees

Rush Hour am Lindauer Hafen

Stoisch, mit bayerischer Gelassenheit beobachtet der steinerne Löwe gegenüber dem Leuchtturm die Lindauer Hafeneinfahrt. Das königliche Wappentier scheint sich nicht für das geschäftige Treiben der vielen Ausflügler hinter seinem Rücken zu interessieren. Wir verschaffen uns vom 33 Meter hohen Leuchtturm einen herrlichen Überblick über die Lindauer Altstadt. Sie liegt auf einer Insel und zählt zu den meist besuchten Touristenzielen am Bodensee. Wir schlendern durch die ausgedehnte Fußgängerzone mit ihren freskengeschmückten Häusern, vorbei am prächtig bemalten Alten Rathaus, bevor wir bei einem anregenden Tässchen Kaffee an der großzügigen Uferpromenade die bunte, mediterran anmutende Szenerie an uns vorbeiflanieren lassen.

Mit diesen Bildern im Kopf reihen wir unsere Motorräder in den langsam fließenden Verkehrsstrom ein, der uns über die kleine Brücke auf das Festland spült. Schneller geht es dann ein kurzes Stück auf der B 12 nach Weißensberg. Nach links, über die Dörfer Oberreitnau, Doberatsweiler und Esseratsweiler, tauchen wir ein in den lieblich hügeligen »Obstgarten« des Bodensees. In diesem ländlichen Idyll ist von der hektischen Betriebsamkeit der Inselstadt und ihrer Haupteinflugsschneisen nichts mehr zu spüren. Enge, kurvige Straßen schlängeln sich durch gewölbte Wiesen, auf denen appetitliche Äpfel an unzähligen Bäumchen in der Sonne reifen. Ein Garten Eden für Obst und Biker. Mein Tipp: Im Frühjahr zur Blütezeit ist diese Tour besonders reizvoll. Entspannt schwingen wir ins Tal der Argen, ein Flüsschen, das verträumt vor sich hin mäandert. Vorbei an dem versteckt in einer Mulde am Flussufer liegenden Schloss Achberg folgen wir dem Wasser über Silberatsweiler erst stromabwärts. Nachdem wir es überquert haben, geht es dann ein Stück zurück, entgegen

---

TOUR-CHECK

Start: *Lindau*
Ziel: *Lindau*
Tourencharakter: *Ruhige und kurvige Sträßchen im Hinterland, gewürzt mit schönen Aussichtspunkten. Stimmungsvoller Ausklang der Tour am leise rauschenden Ufer des internationalen Sees*
Tourenlänge: *150 km*
Kombinierbar mit Touren: *17, 19*
Genussfaktor:
▶ *Fahrerisch:* ★ ★ ★ ★
▶ *Sightseeing:* ★ ★ ★ ★ ★
▶ *Kulinarisch:* ★ ★ ★

Schloss Salem beherbergt nicht nur die bekannte Eliteschule.

der Fließrichtung, bis uns eine kurze, steile Steigung Richtung Neukirch aus dem kleinen Tal hebt. Neben den Apfelplantagen wird doldenreicher Hopfen kultiviert – ein wertvoller Rohstoff für das köstliche Allgäuer Bier.

Wir kurven auf ruhigen Sträßchen weiter bis Tettnang. Stolz thront das barocke Montfort-Schloss über dem kleinen Ort. Uns zieht es weiter, und wir genießen nach einigen Spitzkehren das herrliche Panorama vom Höchsten, einem 833 Meter hoch gelegenen Aussichtspunkt, der nur drei Gehminuten vom Parkplatz entfernt ist. Bei Kaiserwetter sieht man die Schweizer Alpen beeindruckend hinter dem Bodensee emporragen. Die schöne Aussicht über das Deggenhauser Tal begleitet uns weiter zum nächsten Höhepunkt dieser Tour, dem Heiligenberg. An dessen Südhang liegt malerisch die imposante Burganlage derer zu Fürstenberg, in der Ferne sieht man das Wasser des Bodensees glitzern. Nur einige Kurven weiter steht Schloss Salem, in erster Linie bekannt durch sein Elite-Internat. Ein großer Teil der ausgedehnten Anlage kann besichtigt wer-

Sehenswert: das Zeppelinmuseum in Friedrichshafen

MEIN TOPTIPP – ZEPPELIN, RUNDFAHRT ODER MUSEUM

Seit 1996 ist das Museum im ehemaligen Hafenbahnhof direkt an der Fähranlegestelle in Friedrichshafen untergebracht. Klare, einfache Formen und Linien kennzeichnen das Gebäude im reduzierten Bauhausstil. Für diejenigen, die dem technikaffinen Bild des Motorradfahrers entsprechen, ist der Besuch selbst bei Schönwetter ein Muss. In fünf thematisch gegliederten Ausstellungsbereichen erfährt der interessierte Besucher Wissenswertes über Technik, Konstruktion, Navigation, Geschichte und Nutzung der Luftschifffahrt im Allgemeinen und über den Zeppelin-

Konzern im Besonderen. Die originalgetreu aufgebauten Gesellschaftsräume der Passagiergondel aus den 1930er-Jahren spiegeln den Luxus solcher Reisen wider. Wer heute mit einer »Fliegenden Zigarre« in die Luft gehen will, ist ab 200 Euro und mit rechtzeitiger Buchung für eine halbe Stunde mit an Bord. Vom Friedrichshafener Flughafen starten verschiedene Rundfahrten mit modernen Luftschiffen. Etwas kostengünstiger lässt sich das Thema bei einer Werftbesichtigung vertiefen. Infos unter: www.zeppelin-museum.de, www.zeppelinflug.de

Der Blick vom Schloss in Heiligenberg reicht weit über den Bodensee.

den. Für Technikfans wartet in Friedrichshafen das Zeppelinmuseum als Alternative. Damit es mit dem Sightseeing nicht zu viel wird, sollte man sich für eins von beiden entscheiden.

Für diesmal wollen wir zu den »Fliegenden Zigarren« und steuern unsere Motorräder die gut 20 Kilometer durch zunehmend dichter besiedeltes Gebiet an das Ufer des Bodensees. Als Alternative oder als Ergänzung zum Museumsbesuch locken auf dem weiteren Weg zurück nach Lindau jede Menge gemütliche Strandcafés und erfrischende Badeplätze. Leichtmatrosen stechen mit einem gemieteten Kahn oder Tretboot in See. Die Bodenseeküste zwischen Friedrichshafen und Lindau hat vieles zu bieten, auf der Strecke bleibt dabei allerdings der Fahrgenuss mit dem Motorrad. Davon hatten wir heute schon genug, deshalb stellen wir unsere zweirädrigen Ge-

fährten im beschaulichen, bereits zu Bayern zählenden Nonnenhorn in Ufernähe ab und genießen in Ruhe von der Waterkant den weiten Blick über den See. Attraktive Ankerplätze finden sich auch in Langenargen, beim schnuckeligen, im maurischen Stil direkt am Wasser gebauten Schloss Montfort, oder in Wasserburg bei einem malerischen Halbinselchen. Die Orte werden alle von Fährschiffen angesteuert, eine bequeme und beschauliche Art des Sightseeings, die sich für diesen Uferabschnitt anbietet. Da aber keine Motorräder transportiert werden, müssen wir die restli-

Fährtenlesen auf dem schwäbisch-alemannischem Mundartweg am Höchsten

chen paar Kilometer bis Lindau noch unter die Reifen nehmen.

REISE-INFOS

Allgemeines

Die bunte Mischung aus Kurven, Kultur und Küste sowie das milde Klima und das mediterrane Flair machen den nahe liegenden Abstecher vom Allgäu in die Bodensee-Region »erfahrens«wert. Nicht umsonst erfreut sie sich als Urlaubsdomizil zunehmender Beliebtheit. Sehenswerte Schlösser oder entspanntes Abhängen im Strandbad stellen ein attraktives Zusatzangebot zum Motorradfahren dar.
Tourist-Info: Pro Lindau, *88131 Lindau, Tel. 08382/26 00 26, www.lindau.de*

Motorradfahren

Beim ersten Teil der Tour bewegen wir uns hauptsächlich auf engen, kurvigen Nebenstraßen. Die hügelige, von Obstbäumen geprägte Landschaft und immer wieder weite Ausblicke lassen keine Hektik aufkommen. Je näher wir an den Bodensee gelangen, desto dichter wird die Besiedelung. Die Uferstraße zwischen Langenargen und Lindau verläuft komplett durch geschwindigkeitsreguliertes Wohngebiet. Wer kein Interesse am Strandbetrieb hat, kann die Strecke gut auf der B 31 umfahren.

Sehenswürdigkeiten & Aktivitäten

Wer etwas Zeit mitbringt, lässt sich mit der Bodenseeflotte von Lindau zu den Schlössern Montfort in Langenargen oder Wasserburg schippern. Infos: www.bsb-online.com. Für die Eiligeren lohnt sich auf alle Fälle ein kleiner Bummel durch die quirlige Altstadt von Lindau.

Mit zu den bedeutendsten Kulturdenkmälern der gesamten Region zählt die Anlage von Schloss Salem.

Münster, Konventsgebäude, historischer Marstall, Feuerwehrmuseum und Handwerksmuseen sind zu bestaunen. Neben dem üppigen Barock sind noch deutlich die gotischen Ursprünge des von Zisterziensern 1134 gegründeten Klosters zu sehen. Die weitläufige Anlage beherbergt heute neben den öffentlich zugänglichen Teilen eine bekannte Eliteschule.

Essen & Trinken

Biker's Inn, *Bonhoefferstr. 1, 88682 Salem, Tel. 07553/67 52, www.bikers-inn-salem.de*
Hotel Post, *Postplatz 2, 88633 Heiligenberg, Tel. 07554/208, www.post-heiligenberg.de Zum herrlichen Panorama wird ein schmackhaftes Essen serviert.*
Gasthof Zum Hirsch, *Argentstr. 29, 88099 Neukirch-Goppertsweiler, Tel. 07528/17 65, www.gasthof-zum-hirsch.com. Exquisite Küche, nicht nur bei Bikern beliebt.*

Übernachtung

Landgasthof Sonne, *Kapellenstr. 26, 88079 Kressbronn am Bodensee, Tel. 07543/50 05 87, www.sonne-betznau.de. Der Wirt ist selbst begeisterter Motorradfahrer.*
Gasthaus Seerose, *Nitzenweiler 12, 88079 Kressbronn, Tel. 07543/64 89, www.gasthausseerose.de. Nahe dem Flüsschen Argen gelegen.*
Park-Camping Lindau, *Fraunhoferstr. 20, 88131 Lindau, Tel. 08382/722 36, www.park-camping.de. Vor traumhafter Kulisse direkt am Ufer gelegen. Es werden auch geführte Motorradtouren vermittelt.*

Aussichtspunkt am Höchsten
mit Blick über das Deggenhauser Tal bis zum Bodensee

REGISTER

IMPRESSUM

Unser komplettes Programm:

www.bruckmann.de

Produktmanagement:
Claudia Hohdorf
Layout: Elke Mader, München
Repro: Cromika sas, Verona
Kartografie: Kartographie Huber, München
Herstellung: Thomas Fischer
Printed in Italy by Printer Trento S.r.l.

Alle Angaben des Werkes wurden vom Autor sorgfältig recherchiert und auf den aktuellen Stand gebracht sowie vom Verlag geprüft. Für die Richtigkeit der Angaben kann jedoch keine Haftung übernommen werden. Für Hinweise und Anregungen sind wir jederzeit dankbar. Bitte richten Sie diese an:
Bruckmann Verlag
Postfach 40 02 09
80702 München
E-Mail: lektorat@verlagshaus.de

Dank
Vielen Dank für die freundliche Unterstützung:
Gabriele und Jürgen Braun,
Bernd Drumm,
Claudia Schönberger

Bildnachweis:
Alle Fotos stammen von Manfred Probst.
Umschlagvorderseite: Blick ins Tal der Bregenzerach
Umschlagrückseite: Bei Hopfen am Hopfensee

Die Deutsche Nationalbibliothek verzeichnet diese Publikation in der Deutschen Nationalbibliografie; detaillierte bibliografische Daten sind im Internet über http://dnb.d-nb.de abrufbar.

2010 © Bruckmann Verlag GmbH
ISBN 978-3-7654-5296-3